中原经济区智慧旅游河南省协同创新中心和"旅游管理"河南省特色学科资助出版

智 慧 旅 游 丛 书

Report on the Development of China(Henan) Pilot Free Trade Zone（2016－2017）

河 南 自 贸 区 蓝 皮 书

中国（河南）自由贸易试验区发展报告（2016—2017）

U0735397

科 学 出 版 社

北京

内 容 简 介

本书在充分借鉴国内外研究者的相关研究成果的基础上，在第三批自由贸易试验区获批建设的关键时期，紧密跟踪国内自由贸易试验区建设研究的最新研究动态，结合河南自由贸易试验区的发展建设情况，从河南自由贸易试验区的概况、法律制度设计、对河南省社会经济发展的影响、自由贸易试验区框架下发展全域旅游及2016—2020年区域互联网＋产业发展研究等方面，深入分析河南自由贸易试验区发展中的热点和难点问题，在聚焦河南自由贸易试验区建设中全局性、战略性、前瞻性问题的基础上，为省委、省政府的自由贸易试验区战略决策提供高质量决策咨询。

本书具有较强的理论参考，可供河南自由贸易试验区各片区管委会、相关管理工作人员以及产业经济、区域经济、法律制度等领域研究自贸区的学者参考，也可供对自由贸易试验区建设感兴趣的读者阅读。

图书在版编目（CIP）数据

中国（河南）自由贸易试验区发展报告. 2016-2017 / 梁留科主编．
— 北京：科学出版社，2018.6
（河南自贸区蓝皮书）
ISBN 978-7-03-057508-1

Ⅰ. ①中… Ⅱ. ①梁… Ⅲ. ①由贸易区－经济发展－研究报告－河南－ 2016-017 Ⅳ. ① F752.861

中国版本图书馆 CIP 数据核字（2018）第 110155 号

责任编辑：马 丹 / 责任校对：赵桂芬
责任印制：张 伟 / 封面设计：刘 刚

科 学 出 版 社 出版
北京东黄城根北街 16 号
邮政编码：100717
http://www.sciencep.com

北京虎彩文化传播有限公司 印刷
科学出版社发行 各地新华书店经销

*

2018 年 6 月第 一 版 开本：787×1092 1/16
2018 年 6 月第一次印刷 印张：9 1/2
字数：210 000

定价：69.00 元
（如有印装质量问题，我社负责调换）

本书编委会

本书主编：梁留科

副 主 编：刘玉来　张瑞玲

编　　委：韩二东　张成玉　卢　爽　孙　霞

　　　　　李　柯　郭又荣　张　灏　徐红升

　　　　　黄凯锋　吕延庆

丛 书 序

智慧旅游，也被称为智能旅游，就是利用云计算、物联网等新技术，通过互联网、移动互联网，借助便携的终端上网设备，主动感知旅游资源、旅游经济、旅游活动、旅游者等方面的信息，及时发布，让人们能够及时了解这些信息，及时安排和调整工作与旅游计划，从而达到对各类旅游信息的智能感知、方便利用的效果。智慧旅游的建设与发展最终将体现在旅游管理、旅游服务和旅游营销三个层面。

从智慧旅游的现状来看，目前虽然取得了一些成绩，但是问题也不容忽视，主要缺乏顶层设计，其存在的问题有以下四类：

一是概念理解不清晰。当前，无论是国内还是国外，没有一个明确的有关智慧旅游的理念，国内旅游业界的研究没有一个统一的定义。

二是建设目标不明确。智慧旅游的概念不清晰导致智慧旅游建设目标不明确，也就是建设思路不清晰。因此，各地出现了很多盲目跟风和炒作，整体的建设方案现在是有一些错位的。

三是标准体系缺失。目前来讲，没有统一的标准来统一智慧旅游建设过程中涉及技术层面与旅游层面的概念、术语、方法和指标。这个评价的标准主要用于构建智慧旅游的评价体系。该行业标准的缺失导致各地 OTA 的技术标准、电子门票价格、系统接口标准的不统一，这是现在存在的一个极大的问题。

四是缺乏有效的沟通配合机制。智慧旅游的建设需要不同的主体、主体内部之间行之有效的沟通和配合共同推动，而目前的政府管理部门之间、企业和游客之间、不同科技企业之间，存在着"沟通难，配合少"的问题。这个问题，不仅仅存在于智慧旅游方面，在政府管理的其他很多部门也存在。

第一，统筹规划，整合资源，政府引导，市场驱动，统一标准，资源共享，需求为主，确保实用。也就是说每"走"的一项，一定保证要实用，共有的资源能够有效利用起来。

第二，制定标准。政府只需出政策出平台，做一些新闻发布会，做一些白皮书的信息发布等，具体的还由市场去做：整合外部的资源，整合内部的资源，资源共享等。

第三，智慧旅游发展需要全国有一个统一的设计，广泛组织各种力量参与，探索它需要有一个建设的模式和与时俱进、解放的思想，同时也特别需要培养这方面的人才。

第四，旅游业发展过程当中，还要有资金的保障、体制的完善。只有这样做，中国的智慧旅游时代才能全面开启。

编　者
2017 年 12 月

前　言

中国发展自由贸易试验区是全面提升治理能力、彻底改变行政理念、进一步深化改革、大幅度提高行政效率的引擎。2016年8月31日，党中央、国务院决定，在辽宁省、浙江省、河南省、湖北省、重庆市、四川省、陕西省设立自由贸易试验区。随着第三批自由贸易试验区的获批设立，标志着中国自由贸易试验区进入了新的发展阶段。

中国（河南）自由贸易试验区的设立，既是国家赋予河南省的一项重大使命，也是河南省难得一次的发展机遇。准确把握战略定位，加快建设贯通南北、连接东西的现代立体交通体系和现代物流体系，增强服务"一带一路"的综合交通枢纽功能，探索形成与国际投资贸易规则相衔接的制度创新体系，营造国际化、法治化、便利化的营商环境，建设交通物流通达、高端产业集聚、投资贸易便利、监管高效便捷、辐射带动明显的高水平自由贸易园区，是中国（河南）自由贸易试验区的发展目标。

为抓住中国（河南）自由贸易试验区发展建设的重大机遇，2016年10月，在河南省人民政府发展研究中心的大力支持与协作下，洛阳师范学院与河南省人民政府发展研究中心联合成立了中国（河南）自由贸易试验区研究院，为中国（河南）自由贸易试验区的发展展开了积极的探索。中国（河南）自由贸易试验区研究院下设四个研究方向并成立四个分研究中心：自由贸易试验区产业经济研究中心、跨境电商研究中心、法律事务研究中心、全域旅游研究中心。中国（河南）自由贸易试验区研究院将不断深化自由贸易试验区建设的先进理论，深入实践，加强人才培养，提高研究水平，助力河南自由贸易试验区的发展。

在河南省人民政府发展研究中心的协作下，中国（河南）自由贸易试验区研究院组织研究团队编写了这部《中国（河南）自由贸易试验区发展报告（2016—2017）》，从法律制度设计、全省社会经济影响、旅游业发展新思路、区域互联网+产业发展战略等角度对河南自由贸易试验区成立以来的创新成效和发展图景进行分析和总结。本书由洛阳师范学院校长梁留科教授担任主编，统一筹划。全书共分为5章，其中第1、2章由韩二东、张成玉、卢爽联合编写，第3章由孙霞编写，第4章由郭又荣编写，第5章由李柯、张灏、徐红升、黄凯锋、吕延庆联合编写，全书由韩二东统稿。本书在编写过程中，充分借鉴了国内外研究者的相关研究成果，追踪国内有关自由贸易试验区（尤其是上海自由贸易试验区）的最新研究动态，结合当前河南自由贸易试验区的建设与发展情况，聚焦河南自由贸易试验区建设中全局性、战略性、前瞻性的问题，为省委、省政府的自由贸易试验区战略决策提供高质量决策咨询。

本书的编写得到了河南省人民政府发展研究中心、洛阳师范学院各级领导以及相关领域专家学者的大力支持，同时受到河南省人民政府、教育厅以及自由贸易试验区相关学术研讨会的帮助和支持，在此对支持和协助本书编写工作的所有人员表示衷心的感谢。

由于编者受到实践观察和占有资料有限等因素的制约，加之研究能力有限，对一些问题的认识和研究仍然不够深入和全面，错误纰漏在所难免，恳请读者不吝赐教，以便在今后修订时更正和完善。

编　者

2017年12月

目　录
CONTENTS

第1章

中国（河南）自由贸易试验区概况

中国（河南）自由贸易试验区（China（He'nan）Pilot Free Trade Zone），简称河南自贸区，位于中国河南省郑州市、开封市、洛阳市境内。2016年8月31日，国务院决定设立河南自贸区；2017年3月31日，国务院发布《国务院关于印发中国（河南）自由贸易试验区总体方案的通知》和《中国（河南）自由贸易试验区总体方案》；2017年4月1日，河南自贸区正式挂牌成立。

河南自贸区实施范围119.77平方公里，涵盖三个片区：郑州片区73.17平方公里，开封片区19.94平方公里，洛阳片区26.66平方公里。

河南自贸区战略定位是：加快建设贯通南北、连接东西的现代立体交通体系和现代物流体系，将河南自贸区建设成为服务于"一带一路"建设的现代综合交通枢纽、全面改革开放试验田和内陆开放型经济示范区。

河南自贸区发展目标是：经过三至五年改革探索，形成与国际投资贸易通行规则相衔接的制度创新体系，营造法治化、国际化、便利化的营商环境，努力将河南自贸区建设成为投资贸易便利、高端产业集聚、交通物流通达、监管高效便捷、辐射带动作用突出的高水平高标准自由贸易园区，引领内陆经济转型发展，推动构建全方位对外开放新格局。

本章从河南自贸区的申报历程、实施范围、战略定位、发展目标及功能划分出发，阐述河南自贸区建设的主要任务和措施，并指出河南省建设自贸区的发展优势、机遇及挑战，附带说明河南自贸区建设的保障机制与办公服务，以便从整体上建立对河南自贸区的清晰认识，把握自贸区建设的方向，为新形势下全面深化改革、扩大开放和深入推进"一带一路"建设作出应有的贡献。

1.1 河南自贸区的申报历程

1.1.1 河南自贸区的申报筹备及方案起草

自国务院相继正式批准设立上海自贸区、广东自贸区、福建自贸区、天津自贸区以来，自贸区的发展建设取得显著成效。以上海自贸区为例，以负面清单管理为核心的外商投资管理制度基本建立；以贸易便利化为重点的贸易监管制度有效运行；以资本项目可兑换和金融服务业开放为目标的金融制度创新有序推进；以政府职能转变为核心的事中事后监管制度初步形成。上海自贸区建设取得了积极进展，具体包括以下9个成效：一是外商投资和境外投资备案管理制度改革成效明显。二是企业准入"单一窗口"制度进一步完善。三是贸易便利化水平不断提升。四是贸易功能不断深化。五是本外币一体化运作的自由贸易账户功能进一步拓展。六是跨境人民币结算、跨国公司总部外汇资金集中运营、本外币双向资金池等金融创新进一步深化。七是一批面向国际的金融交易平台已正式运行。八是人才创业环境进一步优化。九是自贸区与自主创新示范区联动发展加快。前两批自贸区的发展建设所取得的显著成效，为河南设立自贸区指引了方向，中共河南省委、省政府积极地论证河南设立自贸区的可操作性方案，逐步提出了申建河南自贸区的总体方案。

在2015年1月28日开幕的河南省十二届人大四次会议上，省长谢伏瞻作政府工作报告。报告中称，2015年河南将积极扩大对外开放，推进全方位宽领域多层次开放，大力承接产业转移，增强招商实效，以开放促改革促发展。在省政府工作报告中提到，2015年将深度融入"一带一路"建设，推动中原腹地走向开放前沿，强化郑州、洛阳节点城市辐射带作用，谋划建设亚欧大宗商品商贸物流中心、丝绸之路文化交流中心、能源储运交易中心，积极开展产业对接，深化农业合作和文化旅游交流，努力形成与亚欧全面合作新格局。报告同时提出，2015年河南将申建国家进口贸易创新示范区，推动郑州跨境贸易电子商务服务试点成规模、上水平，加强海关、出入境检验检疫、公安边防等建设，加快进口肉类、进境粮食指定口岸建设，申建进口澳大利亚屠宰用牛指定口岸，全面运行河南电子口岸，促进各类口岸和特殊监管区之间互联互通、功能集成、协同配套，努力把郑州建成中西部重要的内陆口岸城市。

报告中首次提出将积极申报河南自贸区，复制现有自贸区创新办法，完善客商投资项目审批代理制，提高投资贸易便利化水平；健全社会信用体系，基本建成省级公共信用信息平台；推动传统产业向境外转移过剩产能；鼓励农业企业对外投资合作；支持地勘单位及企业到境外勘探开发矿产资源；扩大对外工程承包和劳务合作；培育出口基地和出口型产业集群；支持企业建立全球营销网络和战略资源渠道。

对于河南自贸区申建工作，省委、省政府高度重视，由省商务厅牵头组织相关单位及时制定了申建工作方案，组建了专门工作班子。此后，在充分调研论证的基础上，结合河南省实际，借鉴上海、天津、广东、福建等自贸区的经验，历时半年，数易其稿，研究起草《中国（河南）自由贸易试验区总体方案（草案）》。2015年2月28日，河南省政府向国务院上报了《河南省人民政府关于设立中国（河南）自由贸易试验区的请示》，并随文上报了《中国（河南）自由贸易试验区总体方案（草案）》。

在草案当中，初步设想的河南自贸区片区范围有三个，总面积140.24平方公里，分别是郑州片区、开封片区和洛阳片区。其中，郑州片区面积81.9平方公里，地理范围包括航空港区块40.6平方公里，经开区区块28.1平方公里（国际陆港及物流配套区、跨境电子商务综合试验区及经开综保区、滨河国际新城商务服务区），郑东金融集聚区块13.2平方公里（中央商务区、金融创新区、六合组团），拟重点发展电子商务、跨境电子商务、现代流通等发挥流通枢纽功能的产业以及金融服务、信息服务等现代服务业；开封片区面积30.54平方公里，地理范围主要在开封城乡一体化示范区及经济技术开发区内，拟重点发展文化旅游、创意设计、文化传媒、广播影视、文艺演出、文博会展及艺术品交易等文化产业；洛阳片区面积27.8平方公里，地理范围包括洛阳高新技术产业开发区、洛阳工业园区、洛阳国家大学科技园、涧西区大厂片区，拟重点发展传统装备制造、新材料、智能装备制造等制造业以及研发设计、信息技术服务、检验检测认证、文化创意等生产性服务业。

在河南自贸区总体规划中，3个海关特殊监管区域以提升功能为主，原有发展重点保持不变。按海关监管方式划分，河南自贸区内的海关特殊监管区域重点探索以贸易便利化为主要内容的制度创新，探索高效的区域通关协同机制，开展国际贸易、保税加工和保税物流等业务；非海关特殊监管区域重点探索投资体制改革，创新内陆地区开放发展机制，完善事中事后监管，积极发展先进制造业、现代流通、文化产业。

为积极筹建河南自贸区，河南省拟提出六个方面的任务和举措：一是加快政府职能转变；二是扩大投资领域开放；三是深化贸易功能拓展；四是创新产业发展路径；五是发挥金融支撑作用；六是强化法律制度保障。这些内容措施具体，涵盖面宽，涉及多个部门和领域，有些改革事项和内容还涉及国家事权，既需要与国家有关部委沟通衔接，还需要与省直有关部门和各片区反复沟通，逐步细化完善。

自贸区的设立及其建设是贸易便利化的一个平台，对提升河南省对外开放水平有很大的促进作用，将加快河南和外界的交流，人流、物流、信息流等交流范围更广。自贸区已经成为新时代改革开放新格局发展的重大举措，而河南自贸区的设立已成为继粮食生产核心区、中原经济区、郑州航空港经济综合试验区、郑洛新国家自主创新示范区之后的又一国家重大举措在河南的实现。

1.1.2 河南自贸区的申报举措、区域定位及申报优势

河南作为中原经济区的主体省份，是全国区域协调发展的战略支点和重要的现代综合交通枢纽，处于丝绸之路经济带西向、南向和连接海上丝绸之路的交会点，承担着推动内陆地区在更高层次改革开放的重要使命，在河南设立自贸区对加快国家战略实施、深化改革开放、促进区域协调发展等方面具有重大意义。

根据河南省已经上报国务院的自贸区总体方案郑、汴、洛及航空港试验区"打捆"申报，河南省将根据各地特色优势，科学论证，统筹谋划。在总体上，河南省要进一步搞清楚几个重点问题：一是功能定位；二是"试什么"；三是"怎么试"。

申建自贸区的思路是，紧紧围绕国家战略实施，发挥独特优势，以郑州航空港、中原国际陆港、海关特殊监管区、国家级开发区等为载体，以促进流通国际化和投资贸易便利化为重点，以国际化多式联运体系、多元化贸易平台为支撑，着力深化改革开放，强化体制机制创新，借鉴推广上海等自贸区经验，着力打造具有国际水准的内外流通融合、投资贸易便利、监管高效便捷、法制环境规范的对外开放高端平台，发展成为"一带一路"倡议核心腹地，为内陆地区开展国际经济合作和转型发展探索新模式。

关于功能定位，初步提出4个定位：一是多式联运的国际物流中心。构建陆空海对接、内捷外畅的现代综合交通运输体系，提升丝绸之路经济带重要节点地位，创新国际物流运作管理模式，打造国际化多式联运物流中心和集散分拨中心。二是引领流通消费国际化的创新发展示范区。探索促进生产消费、生活消费便利化新机制，创新流通发展方式和管理模式，建设跨境电商、保税展示交易、大宗商品贸易和期货交割、国际贸易金融等综合运营平台。三是投资贸易便利的内陆开放高地。创新国际投资合作新方式，对接国际贸易新体系，推动互联网经济下投资贸易方式变革，培育国际经济合作竞争新优势。四是监管服务模式创新先行区。探索放管结合，注重事中事后监管，建立流程优化、运作规范、高效便捷的监管体系。完善口岸功能，健全信息平台，实施"三互"（信息互换、监管互认、执法互助）、"三个一"（一次申报、一次查验、一次放行）的一体化通关通检新机制。

河南省商务厅经论证认为，河南省申建自贸区具有市场潜力、区位交通、口岸载体、产业基础、体制机制创新等方面的基础条件，特别是河南作为全国人口大省，经济规模居全国第五、中西部首位，具有大市场、大枢纽、大物流、大产业的独特优势：

一是区位交通条件优越。拥有"三纵五横"国铁干线网和"十二横九纵六放射"高速公路网，向西可直达中亚、中东欧、波斯湾，向南可通达沿海地区直抵东南亚，向东可通过港口便捷连接海上丝绸之路，郑州新郑国际机场国际货运航线占中部地区的95%，已覆盖除非洲、南美洲以外的全球主要经济体。

二是市场辐射带动潜力巨大。河南是我国第一人口大省，经济规模居全国第五、中西部之首，郑州新郑国际机场一个半小时航程可覆盖我国2/3的主要城市和3/5的人口，无论是自身消费还是辐射周边都具有巨大的潜力。

三是口岸载体日益健全。河南拥有郑州航空口岸、郑州铁路东站货运口岸、洛阳航空口岸3个一类口岸，进口指定口岸(肉类、汽车整车、粮食、水果、水产品)等一批特定口岸和多式联运监管中心加快推进，河南电子口岸正式上线运行。郑州跨境贸易电子商务正朝着"买全球、卖全球"的目标迈进。郑欧国际货运班列省外货源比重超80%。郑州商品交易所上市品种在全国三大商品期货交易所中位居第一。

四是产业合作前景广阔。河南与"一带一路"沿线国家和地区具有较强的产业互补性，高度契合中亚、中东欧、东盟等国家的市场需求，已与塔吉克斯坦、吉尔吉斯斯坦等沿线国家在农业、能源、机械制造等多个领域开展了全面合作。

五是体制机制创新积累了一定经验。以建立政务服务"一次办妥"体制机制为代表的创新举措，实现政务服务事项网上办理全覆盖，增强了企业和群众的获得感，再加上省级经济社会管理权限的逐步下放，总结创新经验，使得体制机制创新举措逐步向更大的范围复制推广，切实增强河南自贸区引领改革开放的能力。

1.1.3 河南自贸区的批复设立

1. 河南自贸区的正式设立

2016年8月31日，党中央、国务院决定，在辽宁省、浙江省、河南省、湖北省、重庆市、四川省、陕西省新设立7个自贸区。上海、广东、天津、福建自贸区建设取得的成效，彰显了自贸区的试验田作用；新设立7个自贸区，代表着我国自贸区建设进入了试点探索的新航程。新设的7个自贸区中，河南自贸区主要是落实中央关于加快建设贯通南北、连接东西的现代立体交通体系和现代物流体系的要求，着力建设服务于"一带一路"建设的现代综合交通枢纽。

新设立的7个自贸区，再加上各地正在复制推广上海等四个自贸区的经验，包括负面清单等在内的多项制度创新和改革经验无疑将放大开放红利。获批自贸区资格，是河南自中华人民共和国成立以来所获得的最有分量的区域经济发展政策红利之一。自贸区是以负面清单模式为核心，除负面清单所列投资内容需向相关部门依程序报批外，其他投资项目与内容将获高度自由化放开。同时，因减少了审批、税赋以及若干现行法律法规所限，极大缩减了区内企业在贸易链条的中间环节与国别壁垒，从而使其得到充沛的创新发展动力。

2. 河南自贸区的正式批复及挂牌

2017年3月31日，国务院发布《国务院关于印发中国（河南）自由贸易试验区总体方案的通知（国发〔2017〕17号）》和《中国（河南）自由贸易试验区总体方案》（以下简称《总体方案》），标志着河南自贸区正式获国务院批复成立。批复指出，建立河南自贸区是党中央、国务院作出的重大决策，是新形势下全面深化改革、扩大开放和深入推进"一带一路"建设的重大举措。

《总体方案》指出，建立河南等第三批自贸区，是党中央、国务院作出的重大决策，是新形势下全面深化改革和扩大开放的一项战略举措，对加快政府职能转变、积极探索管理模式创新、促进贸易投资便利化、深化金融开放创新，为全面深化改革和扩大开放探索新途径、积累新经验，具有重要意义。

《总体方案》提出，自贸区要当好改革开放排头兵、创新发展先行者，以制度创新为核心，以可复制可推广为基本要求，在构建开放型经济新体制、内陆开放型经济发展新模式和建设法治化国际化便利化营商环境等方面，率先挖掘改革潜力，破解改革难题。要着力深化行政管理体制改革，提高行政管理效能，提升事中事后监管能力和水平，进一步推进简政放权、放管结合、优化服务改革。要推动西部开发、东北振兴、中部崛起和长江经济带发展、"一带一路"建设等国家策略的贯彻实施。

《总体方案》强调，要坚决贯彻党中央、国务院部署，坚持稳中求进的工作总基调，进一步解放思想、改革创新、大胆实践、积极探索、统筹谋划、加强协调，支持自由贸易试验区先行先试。要提高对办好自贸区工作的认识，加强组织领导，明确责任主体，精心组织好《总体方案》实施工作，抓好改革措施的落实，有效防控各类风险。国务院自由贸易试验区工作部际联席会议办公室、7省市人民政府、有关部门要创新思路、寻找规律、解决问题、积累经验；要充分发挥积极性，因地制宜、突出特色，做好对比试验和互补试验；要及时总结评估试点任务实施效果，加强试点经验系统集成，持续形成可复制可推广的改革经验，充分发挥示范带动、服务全国的积极作用。

2017年4月1日，河南自贸区挂牌仪式在郑州片区综合服务中心举行。河南省委书记、省人大常委会主任谢伏瞻为河南自贸区揭牌。

1.2　河南自贸区的总体情况

1.实施范围

河南自贸区地理位置及范围：河南自贸区的实施范围共119.77平方公里，涵盖郑州片区73.17平方公里，开封片区19.94平方公里，洛阳片区26.66平方公里。

2.战略定位

以制度创新为核心，以可复制推广为基本要求，加快建设贯彻南北、连接东西的现代立体交通体系和现代物流体系，将自贸区建设成为服务于"一带一路"建设的现代综合交通枢纽、全面改革开放试验田和内陆开放型经济示范区。

3.发展目标

经过3至5年改革探索，形成与国际投资贸易通行规则相衔接的制度创新体系，营造法制化国际化便利化的营商环境，努力将自贸区建设成为投资贸易便利、高端产业集聚、交通物流通达、监管高效便利、辐射带动作用突出的高水平高标准自由贸易园区，引领内陆经济转型发展，推动构建全方位对外开放新格局。

4.功能划分

郑州片区重点发展智能终端、高端装备及汽车制造、生物医药等先进制造业以及现代物流、国际商贸、跨境电商、现代金融服务、服务外包、创意设计、商务会展、动漫游戏等现代服务业，在促进交通物流融合发展和投资贸易便利化方面推进体制机制创新，打造多式联运国际性物流中心，发挥服务"一带一路"建设的现代综合交通枢纽作用。

开封片区重点发展服务外包、医疗旅游、创意设计、文化传媒、文化金融、艺术品交易、现代物流等服务业，提升装备制造、农副产品加工国际合作及贸易能力，构建国际文化贸易和人文旅游合作平台，打造服务贸易创新发展区和文创产业对外开放先行区，促进国际文化旅游融合发展。

洛阳片区重点发展装备制造、机器人、新材料等高端制造业以及研发设计、电子商务、服务外包、国际文化旅游、文化创意、文化贸易、文化展示等现代服务业，提升装备制造业转型升级能力和国际产能合作能力，打造国际智能制造合作示范区，推进华夏历史文明重要传承区建设。

按海关监管方式划分，自贸区内的海关特殊监管区域重点探索以贸易便利化为主要内容的制度创新，开展保税加工、保税物流、保税服务等业务；非海关特殊监管区域重点探索投资体制改革，创新内陆地区开放发展机制，完善事中事后监管，积极发展高端制造业和现代服务业。

1.3　河南自贸区建设的主要措施

在主要措施上，重点提出了政府职能转变、投资领域开放、贸易转型升级、金融领域开放创新、增强服务"一带一路"建设的交通物流枢纽功能等5个方面的试点内容。

1.3.1 加快政府职能转变

1. 深化行政管理体制改革

深入推进简政放权、放管结合、优化服务改革，最大限度减少行政审批事项。探索相对集中的行政许可权模式，建立综合统一的行政审批机构。完善"一口受理"服务模式，推进行政审批规范化、标准化、信息化建设，实施行政审批目录化管理。深化投融资体制改革，试行企业投资项目承诺制。精简投资项目准入阶段的相关手续，探索建立"多评合一、统一评审"的新模式。简化整合投资项目报建手续，探索实行先建后验的管理模式。深化商事制度改革，全面实施"五证合一、一照一码"登记制度，探索实行"多证合一"模式，积极推动工商登记全程电子化和使用电子营业执照。将由政府部门承担的资产评估、鉴定、咨询等职能逐步交由法律、会计、信用等专业服务机构承担。开展知识产权综合管理改革试点，紧扣创新发展需求，发挥专利、商标、版权等知识产权的引领作用，打通知识产权创造、运用、保护、管理、服务全链条，建立高效的知识产权综合管理体制，构建便民利民的知识产权公共服务体系，探索支撑创新发展的知识产权运行机制，推动形成权界清晰、分工合理、责权一致、运转高效、法治保障的体制机制。探索建立自由贸易试验区跨部门知识产权执法协作机制，完善纠纷调解、援助、仲裁工作机制。

2. 完善市场监管机制

推进政府管理由注重事前审批向注重事中事后监管转变，完善信息网络平台，提高行政透明度，实现跨部门协同管理。完善社会信用体系，推动各部门间依法履职信息的联通和共享。健全守信激励和失信惩戒机制。建立集中统一的综合行政执法体系，建设网上执法办案系统。选择重点敏感产业，配合国家有关部门建立与开放市场环境相匹配的产业预警体系，及时发布产业预警信息。建立资源环境承载能力监测预警机制和社会监督举报机制，探索试行环境损害责任追究和赔偿制度。实施公平竞争审查制度。配合商务部开展经营者集中反垄断审查。建立部门协同监管机制，统筹多元化监管力量，整合监管信息，打造事前诚信承诺、事中评估分类、事后联动奖惩的全链条信用监管体系。

3. 提高行政服务效能

河南省依法向自贸区下放经济社会管理权限。完善行政部门权力清单和责任清单，建立健全清单动态管理机制。推广政府和社会资本合作模式，完善基本公共服务体系，提高公共服务供给效率。大力推行"互联网+政务服务"，推进实体政务大厅向网上办事大厅延伸，打造政务服务"一张网"，对企业和群众办事实行"一号申请、一窗受理、一网通办"。推动税收服务创新，包括一窗国地办税、一厅自助办理、培训辅导点单、缴纳方式多元、业务自主预约、税银信息互动、税收遵从合作、创新网上服务等举措。建立自贸区综合统计调查、监测分析制度。建立完善深化改革量化指标体系，加快形成更有吸引力的法治化、国际化、便利化营商环境。

1.3.2　扩大投资领域开放

1．提升利用外资水平

对外商投资实行准入前国民待遇加负面清单管理制度，着力构建与负面清单管理方式相适应的事中事后监管制度。外商投资准入特别管理措施（负面清单）之外领域的外商投资项目（国务院规定对国内投资项目保留核准的除外）和外商投资企业设立及变更实行备案制，由自贸区负责办理。进一步减少或取消外商投资准入限制，提高开放度和透明度，做好对外开放的压力测试和风险测试。积极有效引进境外资金、先进技术和高端人才，提升利用外资综合质量。大力引进国际组织和机构、金融总部、区域性总部入驻自贸区。外商在自贸区内投资适用《自由贸易试验区外商投资准入特别管理措施（负面清单）》和《自由贸易试验区外商投资国家安全审查试行办法》。探索强化外商投资实际控制人管理，建立外商投资信息报告制度和外商投资信息公示平台，充分发挥国家企业信用信息公示系统作用，提升外商投资全周期监管的科学性、规范性和透明度。完善投资者权益保障机制，允许符合条件的境外投资者自由转移其投资收益。

2．构建对外投资合作服务平台

改革境外投资管理方式，将自贸区建设成为企业"走出去"的窗口和综合服务平台。对一般境外投资项目和设立企业实行备案制，属省级管理权限的，由自贸区负责备案管理。确立企业对外投资主体地位，支持自贸区内企业开展多种形式的对外直接投资。完善"走出去"政策促进、服务保障和风险防控体系。加强与港澳在项目对接、投资拓展、信息交流、人才培训等方面的交流合作，共同开拓国际市场。加强境外投资事后管理和服务，完善境外资产和人员安全风险预警和应急保障体系。

1.3.3　推动贸易转型升级

1．完善外贸发展载体

依托郑州商品交易所，支持拓展新的交易品种，促进发展大宗商品国际贸易。探索建立与国际大宗商品交易相适应的外汇管理和海关监管制度。在总结期货保税交割试点经验基础上，鼓励国内期货交易所在自贸区的海关特殊监管区域内开展期货保税交易、仓单质押融资等业务，扩大期货保税交割试点的品种。搭建便利化的知识产权公共服务平台，设立知识产权服务工作站，大力发展知识产权专业服务业。探索建立自贸区重点产业专利导航制度和重点产业快速协同保护机制。探索建设中部地区知识产权运营中心，加快建设郑州国家知识产权服务业集聚区。深化艺术品交易市场功能拓展。依托电子口岸公共平台，建设国际贸易"单一窗口"，将出口退税申报功能纳入国际贸易"单一窗口"建设项目。加快形成贸易便利化创新举措的标准化制度规范，覆盖到所有符合条件的企业。

2．拓展新型贸易方式

积极培育贸易新型业态和功能，形成以技术、品牌、质量、服务为核心的竞争新优势。大力发展服务贸易，推进金融、文化创意、客户服务、供应链管理等服务外包发展。在环境风险可控的前提下开展飞机及零部件维修试点。按照公平竞争原则，依托中国（郑州）跨境电子商务综合试验区，积极发展跨境电子商务，完善相应的海关监管、检验检疫、退税、物流等支撑系统，加快推进跨境贸易电子商务配套平台建设。支持企业建设出口商品"海外仓"和海外运营中心，加快融入境外零售体系，探索建设全球性产品交易展示中心和国内进出口货物集散中心。支持电子信息、装备制造、智能终端、汽车及零部件、航空航天等辐射能力和技术溢出能力强的先进制造业加工贸易发展，搭建服务于加工贸易转型升级的技术研发、工业设计等公共服务平台，建设加工贸易产品内销后续服务基地。引导优势企业积极参与国际标准化活动，打造质量标准品牌新高地。积极发展离岸贸易。推动转口贸易发展，依托国际空港、陆港和各类口岸，完善国际中转集拼和国际转口贸易枢纽功能。

3．创新通关监管机制

自贸区内的海关特殊监管区域实施"一线放开"、"二线安全高效管住"的通关监管服务模式。在确保有效监管前提下，在海关特殊监管区域探索建立货物状态分类监管模式。鼓励企业参与"自主报税、自助通关、自动审放、重点稽核"等监管制度创新试点。按照严密防范质量安全风险和最大便利化的原则，一线主要实施入出境现场检疫、查验及处理；二线主要实施进出口产品检验检疫监管及实验室检测，维护质量安全。完善国际贸易"单一窗口"的货物进出口和运输工具入出境的应用功能，进一步优化监管执法流程和通关流程，实现贸易许可、资质登记等平台功能，将涉及贸易监管的部门逐步纳入"单一窗口"管理平台。完善通关合作机制，开展货物通关、贸易统计、"经认证的经营者"互认、检验检测认证等方面合作，逐步实现信息互换、监管互认、执法互助。推进自贸区内各区域之间通关一体化。支持自贸区与"一带一路"沿线国家开展海关、检验检疫、认证认可、标准计量等方面的合作与交流，探索与"一带一路"沿线国家开展贸易供应链安全便利合作。

1.3.4　深化金融领域开放创新

1．扩大金融对内对外开放

进一步简化经常项目外汇收支手续，在真实、合法交易基础上，自贸区内货物贸易外汇管理分类等级为A类企业的外汇收入无需开立待核查账户。推动金融服务业对符合条件的民营资本有序开放，在符合现行法律法规及国家政策导向的前提下，允许符合条件的境内纯中资民营企业在自贸区依法发起设立中小型银行等金融机构。探索自贸区内符合条件的单位和个人按照规定双向投资于境内外证券市场。允许外资股权投资管理机构、外资创业投资管理机构在自贸区发起管理人民币股权投资和创业投资基金。支持发展总部经济，放宽跨国公司外汇资金集中运营管理准入条件。逐步允许境外企业参与商品期货交易。支持保险机构在自贸区内开展业务创新，探索特殊风险分散机制，加大再保险对巨灾保险、特殊风险的保险保障力度。取消对自贸区内保险支公司高管人员任职资格的事前审批，由省级保监机构实施备案管理。

2．拓展金融服务功能

拓展跨境电子商务金融服务，开展跨境电子商务人民币结算，推动跨境电子商务线上融资及担保方式创新，鼓励保险机构发展出口信用保险，拓宽服务领域。支持自贸区发展科技金融，按照国务院统一部署，积极争取纳入投贷联动试点。创建金融集成电路（IC）卡"一卡通"示范区。进一步简化资金池管理，允许经银行审核真实、合法的电子单证办理经常项目集中收付汇、轧差净额结算业务。进一步推进内资融资租赁企业试点，注册在自贸区内的内资融资租赁试点企业由自贸区所在省级商务主管部门和同级国家税务局审核。加强事中事后监管，探索建立融资租赁企业设立和变更的备案制度、违反行业管理规定的处罚制度、失信和经营异常企业公示制度、属地监管部门对企业定期抽查检查制度。支持在自贸区设立金融租赁公司、融资租赁公司，在符合相关规定前提下，设立项目公司开展飞机、工程机械、大型设备等融资租赁业务。允许自贸区内符合条件的融资租赁业务收取外币租金。支持商业保理业务发展，探索适合商业保理发展的监管模式。银行按照"了解客户、了解业务、尽职审查"的展业三原则办理经常项目收结汇、购付汇手续。

3．推动跨境投融资创新

探索建立与自贸区相适应的本外币账户管理体系，促进跨境贸易、投融资结算便利化。在健全风险防控机制的前提下，允许自贸区内符合条件的企业、金融机构按照有关规定通过贷款、发债等形式从境外自主融入本外币资金，拓宽境外资金回流渠道。允许自贸区内跨国企业集团开展跨境双向人民币资金池业务。允许自贸区内企业的境外母公司按照有关规定在境内发行人民币债券。自贸区内银行可按有关规定发放境外项目人民币贷款。支持开展人民币跨境再保险业务，培育发展再保险市场。支持自贸区内符合互认条件的基金产品参与内地与香港基金产品互认。

4．建立健全金融风险防控体系

建立对持有各类牌照金融机构的分类监管机制，健全符合自贸区内金融业发展实际的监控指标，完善金融监管措施，加强监管协调与合作，确保自贸区内金融机构风险可控。逐步建立跨境资金流动风险监管机制，对企业跨境收支进行全面监测评价。做好反洗钱、反恐怖融资、反逃税工作，防范非法资金跨境、跨区流动。建立健全自贸区金融消费者权益保护工作机制。

1.3.5 增强服务"一带一路"建设的交通物流枢纽功能

1．畅通国际交通物流通道

增加国际货运航线航班，构建连接全球主要枢纽机场的空中通道。积极探索以郑州和国外重要枢纽城市协同联动的国内国外"双枢纽"发展模式。依托陆桥通道，加密至丝绸之路经济带沿线国家的中欧班列（郑州），支持开展拼箱、集装箱分装大型设备、国际邮运业务，允许在国内沿线口岸和郑州国际陆港之间开展进出口集装箱加挂业务试点。开通至沿海港口的快捷货运列车，构建东联西进、陆海相通的国际运输通道。完善促进国际便利化运输的相关政策和双边运输合作机制，增加便利运输协定的过境站点和运输线路，加快海外物流基地建设。支持建设自贸区至我国国际通信业务出入口局的直达国际数据专用通道，打造互联互通的"信息丝绸之路"，推动国际交通物流通道建设。

2．完善国内陆空集疏网络

鼓励快递企业利用铁路运送快件，配套建设快件物流基地，依托自贸区推动郑州建设全国快递中转集散中心，打造覆盖全国主要经济区域的4小时快件集疏网络。支持国内外快递企业在自贸区内的非海关特殊监管区域办理符合条件的国际快件属地报关报检业务。开展道路货运无车承运人试点，加快普及公路甩挂运输，扩大"卡车航班"覆盖范围和运营规模，构建以郑州为中心500公里范围的公路集疏圈。支持周边省市在自贸区建设专属物流园区，开展现代物流业务。加密完善至国内热点城市的"空中快线"，鼓励发展全货机航班、腹舱货运，构建长距离航空集疏网。

3．开展多式联运先行示范

发展以"一单制"为核心的便捷多式联运。建立健全适合内陆多式联运的标准规范和服务规则，加强与国际联运规则的相互衔接。鼓励企业间联盟合作，率先突破陆空联运、公铁联运，试点推进快件空铁联运，打造多式联运国际性物流中心。在交通运输领域，完善快件处理设施和绿色通道。拓展郑州机场"空空+空地"货物集疏模式，增加国际中转集拼航线和试点企业。支持设立国际航空运输服务企业，在条件具备时，在自贸区试点航空快件国际中转及集拼业务。依托航空和铁路口岸，促进海关特殊监管区域协调联动，创新多式联运（内陆型）监管模式，推进铁路舱单与海运、公路、航空舱单共享和舱单分拨、分拆、合并。建设承载"一单制"电子标签赋码及信息汇集、共享、监测等功能的公共服务平台，推进不同运输方式、不同企业间多式联运信息开放共享和互联互通。在执行现行税收政策前提下，提升超大超限货物的通关、运输、口岸服务等综合能力。推进跨方式技术装备标准化，推广应用托盘、集装箱等标准运载单元。

4．扩大航空服务对外开放

积极引入基地航空公司和国内外知名物流集成商。允许具备条件的外国航空公司和基地航空公司开展国际航班代码共享。探索与国际枢纽机场建立航空货运联盟，在航线网络、货品、数据共享等方面开展合作。支持航空器及零部件研发、制造、维修企业在自贸区集聚，对海关特殊监管区域内企业生产所需的进口机器、设备予以免税。对注册在自贸区海关特殊监管区域内的融资租赁企业进出口飞机等大型设备涉及跨关区的，在确保有效监管和执行现行相关税收政策的前提下，按物流实际需要，实行海关异地委托监管。

5．推进内陆口岸经济创新发展

依托自贸区带动郑州航空和铁路国际枢纽口岸建设，支持设立药品、进境植物种苗、木材等指定口岸，提升进境粮食、进口肉类等口岸运营水平，促进各类口岸与物流、贸易联动发展，形成辐射全球主要经济体、带动区域产业升级的口岸开放新格局。探索前端研发设计和后端销售服务"两头在区"、中间加工环节在外的企业集聚模式，优化先进制造业、现代服务业布局，打造高质高端高附加值产业集群，建设中西部制造业总部基地。支持开展进境邮件"一点通关、分拨全国"，研究开展跨境电子商务和商业快件及邮政包裹搭乘中欧班列（郑州）出口等业务。充分发挥海关特殊监管区域功能政策优势，促进形成具有世界竞争力的高技术含量产品售后维修中心。在严格执行货物进出口税收和检验检疫监督管理政策的前提下，允许在海关特殊监管区域内设立保税展示交易平台。

6. 促进国际医疗旅游产业融合发展

发挥国际航空网络和文化旅游优势，积极吸引国际高端医疗企业和研发机构集聚，以健康检查、慢病治疗康复、中医养生保健、整形美容、先进医疗技术研发和孵化为重点，培育康复、健身、养生与休闲旅游融合发展新业态。鼓励自贸区在医疗机构治未病服务项目纳入收费项目和确定收费标准等方面先行试点。鼓励社会资本在自贸区举办规范的中医养生保健机构。自贸区内医疗机构按照现行干细胞临床研究规定开展相关工作。允许在自贸区内注册的符合条件的中外合资旅行社，从事除台湾地区以外的出境旅游业务。

7. 培育"一带一路"合作交流新优势

建立健全与"一带一路"沿线国家的合作机制，重点在农业、矿业、装备制造、物流、工程承包、科技教育等领域开展国际合作。建设服务于内陆地区"走出去"和"引进来"的重要窗口，探索内外贸易相互促进机制、与"一带一路"沿线国家重点城市产能合作机制，吸引企业统筹开展国际国内贸易，建设一批双向合作经贸产业园区。探索与"一带一路"沿线国家文化交流、文化贸易创新发展机制，推进文化传承和开发，完善服务链条，推进华夏历史文明传承创新区建设。围绕服务"一带一路"建设，探索食品、农产品及水产品的快速检验检疫模式，优化药品、保健食品、化妆品、医疗器械的审评审批程序。支持河南省与教育部在自贸区合作共建教育国际化综合改革试验区，积极引进境外优质教育资源开展高水平、示范性合作办学，加大对"一带一路"沿线国家的中国政府奖学金支持力度。积极为经贸类团组和企业人员出国（境）提供便利。研究制定自贸区外籍高层次人才认定办法，落实人才签证实施细则，明确外国人才申请和取得人才签证的标准条件和办理程序。对外籍高层次人才开辟绿色通道、简化手续，为高层次人才入出境、工作、在华停居留提供便利。允许获得硕士及以上学位的优秀外国留学生毕业后直接在自贸区工作。提供有针对性的指导服务和语言学习机会，多形式多渠道帮助外国人才更好融入中国社会。

1.4 河南自贸区发展优势、机遇与挑战

在河南自贸区申建资格获批后，河南将遵照中央政府设定的"贯通南北、连接东西的现代立体交通体系和现代物流体系"功能定位，全方位深化改革引领区、多领域扩大内陆开放先行区、高水准实践经贸规则试验区、深层次推进丝绸之路经济带建设示范区。

现在已有100多家全球500强公司蹲守在河南自贸区门外，只待自贸区正式挂牌运

行。可以说，自贸区的正式设立不仅关系到河南扩大对外开放的新高度，更关系到河南经济在未来数年后的发展质量、每个河南人的生活质量。"自贸区试点"新政的到来，就如崛起了一方充满活力的新陆地，通过"特殊政策+区域优势产业资源"接纳更多、更新、更优的全球企业与资源要素，完成一次史无前例的"中原大集结"。河南自贸区的核心定位是国内全新的物流超级中枢，当全球商品贸易取道中原进入国内市场，它将带给河南人的不仅是商品资源极大丰富，更是商品流通价格的显性优势。换个角度看，当自贸区成为河南全新的经济增长极，带来了足够的创业空间、就业机会、贸易商机。

1.4.1　河南自贸区的发展优势

近年来，河南省对外开放载体平台日益完善，开放型经济发展水平大幅提升，区位交通、综合物流、消费市场等优势突出，基础设施、发展载体、投资环境、产业支撑、体制机制等支撑能力显著增强，建设自贸区的基础条件已经具备。具体来说，河南建设自贸区有五大优势：

（1）区位交通条件优越

河南地处我国中部中心地带，"三纵五横"国铁干线网和"十二横九纵六放射"高速公路网纵横交织，是东部产业转移、西部资源输出、南北经贸交流的桥梁和纽带。高速公路通车里程多年保持全国前列。以郑州为中心的"米"字形高速铁路和航空运输中转中心加快形成。"空中丝绸之路"初具规模，以郑州为亚太物流中心、以卢森堡为欧美物流中心、覆盖全球的航空货运网络加快形成，郑州新郑国际机场开通国际货运航线28条，占中部地区95%，已覆盖除非洲和南美洲以外的全球主要经济体。陆空对接、通联海港、多式联运的现代综合交通运输体系日益完善，国际物流中心地位持续上升，为河南省建设自贸区提供了重要的运能支撑。

（2）市场辐射潜力巨大

河南是我国第一人口大省，经济规模居全国第五、中西部之首，投资消费需求空间广阔。郑州、洛阳是丝绸之路经济带的重要节点城市，郑州还是中原经济区和中原城市群的核心，具有大枢纽、大物流、大产业、大市场的独特优势，具备成为"一带一路"倡议核心腹地的坚实基础。

（3）口岸等外向型经济载体日益健全

河南拥有郑州新郑综合保税区、郑州出口加工区、河南保税物流中心等多个海关特殊监管区，其中郑州新郑综合保税区在全国综保区综合排名第二；拥有郑州航空口岸、郑州铁路东站货运口岸、洛阳航空口岸3个一类口岸；国家已经批准，并正加快建设进口肉类指定口岸、汽车整车进口口岸、粮食进口口岸等一批特定口岸和多式联运监管中心。郑州跨境贸易电子商务是全国综合性E贸易试点，发展迅速，正朝着"买全球、卖全球"目标迈进。郑欧国际货运班列的货运班数、货重、货值和综合影响力均居国内亚欧班列首位，省外货源比重超过80%，揽货能力已经覆盖以郑州为中心的1500公里货源地域，成为率先实现多口岸出境、多目的地到达、多货源集聚、多联运方式运行，具有较强辐射带动能力的内陆国际班列。不断完善的平台口岸体系为河南省建设自贸区提供了良好的载体支撑。

（4）对外产业合作前景广阔

河南与丝绸之路经济带沿线国家和地区具有较强的产业互补性和宽广的产业合作需求空间。河南是全国重要的粮食、畜产品及食品生产加工大省，是全国重要的现代制造业基地和能源原材料基地，食品、建材、汽车、有色、装备制造等传统行业优势突出，电子信息、生物医药、现代物流等高新产业加快集聚，郑州已经成为全球最大的苹果手机生产基地。伴随产业升级发展，河南参与国际分工能力不断提升，与欧美等发达经济体的联系日益密切，与塔吉克斯坦、吉尔吉斯斯坦、乌兹别克斯坦等丝绸之路经济带沿线国家在农业、能源、机械制造等多个领域合作不断深化，外向型经济发展迅速，2014年全省实现进出口总额650亿美元，增长8.5%，高于全国平均水平5.1个百分点，规模再创新高，居中部地区首位。对外经贸合作的良好基础和发展态势为建设自贸区提供了坚实的产业基础。

（5）体制机制创新经验不断积累

河南围绕实施粮食生产核心区、中原经济区和郑州航空港经济综合试验区三大战略，体制机制不断创新。郑州航空港经济综合试验区在航空管理、海关监管、服务外包、财税政策等方面创新体制机制，开展先行先试。郑州率先获得国际快件出口总包直封权，郑州新郑国际机场成为中部地区唯一获批开展国际快件业务的机场。郑州新郑综合保税区成为"内销产品返区维修"全国11个试点之一。郑州跨境贸易电子商务服务试点实现了一般进口、一般出口、保税进口、保税出口四种业务模式。上海自贸区一批监管创新制度也在河南省复制推广，依托河南电子口岸平台，以通关一体化为基础的大通关机制基本形成。郑东新区金融集聚核心功能区初步形成，金融集聚能力不断提升，银行、证券、保险、期货、信托、基金、财务公司等业态蓬勃发展，郑州商品交易所上市品种在全国三大商品交易所中居第一位，中原航空港产业投资基金和首家金融租赁公司获批。这些创新实践和先行先试经验为设立自贸区提供了良好的制度环境保障。

1.4.2　河南自贸区的发展机遇

随着全球经济新业态、新技术的高速发展，中原地区的区位优势再度凸显，河南今后要把综合交通枢纽建设与自贸区平台结合，在全球范围内更有效地配置资源，使河南迅速进入开放前沿经济地带。其中，郑州近年来航空经济发展迅速，铁路运输、公路运输立体发展，在融入国家"一带一路"倡议上扎实推进，为河南自贸区的发展奠定基础。

自贸区对于河南本地产业提升意义重大。例如，洛阳的装备制造业、智能机器人产业以及郑州的汽车制造业等，都将面临与世界500强企业同台竞技的境遇，这对于河南现有产业转型升级有很大的推动作用。而"一带一路"沿线国家基础设施建设缺口大，洛阳的矿山机械、装备制造企业在这方面有独特优势，也将迎来新机遇，开封的文化产业、国际旅游业发展同样有很大的上升空间。

在新业态下，区域发展热点有重返内陆地区的趋势。随着跨境电商、国际航空枢纽和国际物流等新业态发展，河南的发展地位确实改变了，将迎来历史给予的全新发展机遇。

针对洛阳片区来说，河南自贸区成功获批，对于促进洛阳经济社会发展具有重大意义。这是洛阳获得的又一重要对外开放平台，是洛阳加快发展步伐、实施创新发展的重大机遇，对产业升级转型具有引领和带动作用。随着自贸区建设的不断推进，自贸区释放的发展红利将进一步显现，对加快政府职能转变、积极探索管理模式创新、促进贸易和投资便利化乃至全面深化改革和扩大开放起到积极作用。河南自贸区洛阳片区必将成为洛阳市的金字招牌，成为洛阳对外开放、招商引资、经济转型、创新发展的强大引擎。

根据河南自贸区三大片区错位发展要求，洛阳将以制度创新和模式创新为核心任务，以可复制可推广为基本要求，努力成为中国制造2025示范区、国际高水准经贸规则试验区、中华优秀文化传播引领区及中西部地区对外开放合作新高地。按照国家对河南自贸区定位及洛阳片区已有优势，下一步洛阳将重点抓好以下工作：积极开展调研、论证，提出洛阳片区的改革创新试点内容，这是获得自贸区红利的关键点；进一步抓好国家自贸区成功经验在洛阳市的复制推广工作，把复制推广自贸区成功经验与洛阳片区建设结合起来，不断深化行政审批制度改革、投融资领域改革、文化体制改革、服务业领域改革等；尽快研究确定洛阳片区的组织结构、运行模式、区域范围、总体实施方案等，加快洛阳综合保税区申建工作，力争早日获批，为自贸区建设创造便利条件。

1.4.3 河南自贸区建设所面临的挑战

在各自贸区广阔的中间地带，存有大量中小城市，它们不一定直接受益于自贸区带来的红利，但是，却可以通过高铁的便利，享受到自贸区内外溢而出的各种政策和经济利益。不过，河南省政府发展研究中心主任谷建全认为，高铁对于中小城市的发展既有机遇也是挑战。

经验表明，高铁的开通迫使区域经济格局发生改变，包括人才、技术、资金、信息、劳动力转移等；对于大城市来说，由于本身发展具有成熟的市场环境，便利的基础设施条件，高铁影响突出表现为城市发展的聚集效应大于通道效应。对于沿线中小城市来说，由于自身发展仍处于起步阶段，城市化水平低，高速铁路开通后有可能使地方人才、技术、资金、信息、劳动力等向发达地区或者大城市进行转移，使中小城市发展面临严峻的挑战。

高铁沿线中小城市发展首先应该融入区域发展大格局，与区域其他板块错位发展，其次放大本地比较优势，找准本地最具优势的产业发展方向，从传统产业发展的"大而全"走向区域经济精细化分工的"专而精"。

1.5 河南自贸区建设的保障机制

1.强化法制保障

自贸区需要暂时调整实施有关行政法规、国务院文件和经国务院批准的部门规章的部分规定，按规定程序办理。各有关部门要支持自贸区在各领域深化改革开放试点、加大压力测试、加强监管、防控风险，做好与相关法律立改废释的衔接，及时解决试点过程中的制度保障问题。河南省要通过地方立法，建立与试点要求相适应的自贸区管理制度。

2.完善配套税收政策

落实现有相关税收政策，充分发挥现有政策的支持促进作用。中国（上海）自贸区、中国（广东）自贸区、中国（天津）自贸区和中国（福建）自贸区已经试点的税收政策原则上可在自贸区进行试点，其中促进贸易的选择性征收关税、其他相关进出口税收等政策在自贸区内的海关特殊监管区域进行试点。自贸区内的海关特殊监管区域范围和税收政策适用范围维持不变。此外，在符合税制改革方向和国际惯例，以及不导致利润转移和税基侵蚀的前提下，积极研究完善境外所得税收抵免的税收政策。

3.加强组织实施

按照党中央、国务院统一部署，在国务院自贸区工作部际联席会议统筹协调下，由河南省完善试点任务组织实施保障机制，按照总体筹划、分步实施、率先突破、逐步完善的原则加快实施。各有关部门要大力支持，及时制定实施细则或办法，加强指导和服务，共同推进相关体制机制创新，把自贸区建设好、管理好。在实施过程中，要创新思路、寻找规律、解决问题、积累经验；要充分发挥地方和部门的积极性，因地制宜、突出特色，做好对比试验和互补试验；要抓好改革措施的落实，重大事项要及时向国务院请示报告。

4. 总结推广可复制的试点经验

自贸区要及时总结改革创新经验和成果。国务院自贸区工作部际联席会议办公室要会同河南省人民政府及有关部门，及时总结评估自贸区改革开放创新试点任务实施效果，加强各领域试点经验系统集成，并委托第三方机构进行独立评估。对试点效果好、风险可控且可复制可推广的成果，实施分类审查程序后复制推广至全国其他地区。

1.6 河南自贸区建设的办公服务

1. 郑州片区综合服务中心

郑州片区综合服务中心位于河南省郑州市郑东新区CBD金水东路85号雅宝东方国际广场国际资本大厦。雅宝国际广场一层和二层为郑州片区综合服务中心办事大厅，总面积3673平方米，郑州片区综合服务中心初步筛选了工商、税务、海关、公安、商务等17个入驻部门，入驻事项共195项，设办事窗口67个；三层为河南自贸区展览展示大厅，面积为2886平方米，该项目建设及系统集成即将进入招标阶段。河南自贸区拱门路牌拟设在经开区航海东路与四港联动大道交叉口。

中国（河南）自贸区郑州片区综合服务中心入驻市环保局、市质监局、新区国税局、新区地税局、市公安局出入境管理处、郑州海关、河南出入境检验检疫局、市人社局、市规划局、市药监局、市工商局、市国土局、市发改委、市交运委、市商务局、河南自贸区郑州片区管委会等办事机构。

2. 开封片区综合服务中心

开封片区综合服务中心位于河南省开封市开封新区十二大街与郑开大道交叉口东北角郑开绿地城。入驻市发改委、市工商局、市住建局、市环保局、市国税局、市交通局、市城管局、市财政局、市教育局、市商务局、市食药监局、市规划局、市国土局、河南自贸区开封片区管委会等办事机构。

3. 洛阳片区综合服务中心

洛阳片区综合服务中心位于河南省洛阳市涧西区滨河北路20号火炬大厦。入驻市发改委、市工商局、市质监局、市国税局、市地税局、市人社局、市商务局、市住建委、市规划局、市国土局、市公安局、市检验检疫局、洛阳海关、市银监分局、河南自贸区洛阳片区管委会等办事机构。

省商务厅负责人表示，自贸区内无论小企业大企业、内资外资、国企民企，都将拥有更大的贸易自由及投资便利性，必将吸引国内外500强企业大批入驻，也让创新和创业者能更便利、更低成本地进入市场。

参考文献

国务院关于印发中国（河南）自由贸易试验区总体方案的通知[EB/OL].[2017-08-01]http://www.gov.cn/zhengce/content/2017-03/31/content_5182296.htm.

刘良群，苏兰花，刘思弘.2014.借鉴国际经验加快上海自贸区人才资源开发[J].浦东开发，1：33-35.

刘文图，侯秀英，伍晶晶.2016.福建自贸区的现状及对策研究[J].物流工程与管理，38(7)：198-200.

罗亮梅.2016."一带一路"背景下南沙自贸区人才吸引机制研究[J].人力资源管理，10：26-29.

杨小丽.2016.福建省自贸区建设中应用型金融人才培养模式探讨[J].当代经济，4：76-79.

郑秋锦，孔德议，许安心.2016.福建自贸区人才培养研究[J].福建论坛：人文社会科学版，2：187-192.

第2章

中国（河南）自由贸易试验区建设成效及影响

2.1 河南自贸区的建设进展及取得的成效

河南自贸区成立以来，围绕建设现代立体交通体系、现代物流体系和现代综合交通枢纽的战略定位，积极探索，开局良好，取得明显成效。河南自贸区作为国内唯一以交通物流为战略特色的自贸区，涉及现代物流、跨境电商、金融创新等多个方面。取得的建设成效主要有：组建管理机构，初步建立起体制机制；搭建"四梁八柱"，初步完成顶层设计；强化台账管理，试点任务稳步落实；突出重点领域改革，发挥产业支撑作用，开放带动程度不断提升。以下分别从不同层面阐述一年来河南自贸区的建设举措及取得的相应成效。

1.河南检验检疫局出台22项措施支持自贸区建设

为加快推进河南自贸区建设，河南检验检疫局创新思路，积极作为，立足检验检疫职能，出台《关于印发支持中国（河南）自由贸易试验区建设若干措施的通知》，共22项措施。

一是简政放权。①下放行政审批权限，简化自贸区内企业入境生物材料、动植物及其产品检疫许可办理程序，推进出入境检验检疫报检企业备案及原产地证书申领企业备案"两证合一"改革。②免予实施强制性产品认证制度，自贸区内入境展品、企业自用办公用品以及设计、研发、产品测试、出口加工、入出境返修产品、设备租赁等所需的原材料和零部件，免予实施强制性产品认证。③免办中转和转口货物检疫审批，除过境动物和转基因产品外，其他过境动植物及其产品免予办理进境动植物检疫审批，实施备案管理。

二是创新监管制度。①实施分线检验检疫监管制度，对自贸区内进出口商品及企业实施风险监测为主的质量安全管理。②创新检验检疫监管模式，对自贸区内加工使用的进口肉类、水产品、植物及其产品、皮张、动物源性饲料、危险货物及其包装等，在指定口岸或指定场所实施集中检验检疫查验，货到即查、查毕即放。③实行信用分级管理，优先办理自贸区企业AA级评定申请合理放宽AA级企业推荐审批条件。④创新原产地签证管理，实施"网上通审、省内通签"原产地签证制度。⑤推进出口和内销产品"同线同标同质"，推动自贸区内企业出口和内销产品在同一生产线上按相同的标准组织生产，达到相同的质量水准。

三是提升贸易便利化水平。①实施检验检疫一体化，建立郑州、开封、洛阳三个片区的协调联动机制，提高包括自贸区在内的特殊开放区域互联互通水平及通关效率。②推动认证及检验检测结果互认，积极参与质检总局与"一带一路"沿线国家在检验检疫、认证认可等方面的多双边合作，推动实现标准、方法的互认及检验检疫证书国际联网核查。③支持国际贸易"单一窗口"建设，推进自贸区检验检疫监管服务平台和数据交换平台建设，建立与自贸区公共信息平台的网络互联机制。打造"智慧国检"平台，启动"互联网+"质量安全追溯、技术规则及风险监测等项目建设。④支持贸易便利化示范工程建设，推动建设航空口岸进口肉类、铁路口岸拼箱业务、邮政口岸进出境邮件、跨境电商出口业务、新郑综保区进境维修手机、郑汴出口农产品等贸易便利化示范工程。

四是支持综合交通枢纽和国际物流中心建设。①支持枢纽经济创新发展，积极推动进口肉类、澳大利亚肉牛、水果、冰鲜水产品、食用水生动物及汽车整车等指定口岸业务做大做强。支持在自贸区内建设进口粮食、植物种苗（花卉）、木材等指定口岸。②支持中欧班列和西向物流发展，简化申报、查验和放行手续，过境中转集装箱免于开箱查验。③支持多式联运和拼箱拼装中心建设，创新多式联运及国际分拨货物检疫准入、证书核查、口岸查验等检验检疫监管制度。④推动国际农产品交易中心建设，利用自贸区建设国际农产品交易中心。实施风险分级监管，探索农产品快速检验检疫放行模式。⑤加强技术性贸易措施工作，加强对重点贸易国家和地区、重点行业和产品的技术性贸易壁垒研究分析针对自贸区企业特点制定并落实应对措施。

五是服务自贸区产业发展。①支持跨境电子商务发展，加快推进跨境电商技术规则研究与风险监测公共服务平台建设。②支持智能终端和装备制造产业发展，搭建公共检验检测认证服务平台推动与境外知名实验室实现检验检测互认，服务企业"走出去"。③支持入境维修与再制造产业发展，对于经资质评估合格的维修企业，进口一般风险入境维修产品免于海外装运前检验，以周期性监督检查替代逐批产品检验。④支持生物医药产业发展，放宽对血液、细胞、组织切片等低风险基础性原料的进境限制。⑤支持文化旅游产业发展，对自贸区内进口文化艺术品（限艺术品整体或部分属于CCC目录产品）给予无需办理CCC认证的特殊监管措施，凭艺术品证明文件直接受理报检。

这些措施将为自贸区入驻企业提供极大地便利，如将进境动植物产品检疫审批下放后，通过全程网上办理、无纸化审批，进境动植物产品审批由原来的10个工作日缩短为5个工作日，提高了审批效率，节省了企业人力、物力、时间成本；新的原产地备案制度施行后，预计每年将有700余家原产地证备案企业不需往返单位和检验检疫机构进行备案。

为保障措施真正落地，河南检验检疫局制定出台具体操作规范及作业指导书，全力支持和促进河南省自贸区建设和发展，实现流程最优、效率最高、成本最低的目标。

2.三个自贸片区首次例会，听取挂牌以来的工作情况汇报

2017年4月14日，省自贸办组织召开片区第一次工作例会，听取各片区负责人就挂牌运行以来工作情况汇报，安排部署下一步重点工作。

省自贸办主任、商务厅厅长焦锦淼同志在讲话中肯定了各片区挂牌运行以来取得的成绩，指出：自贸区是构建与国际接轨的经贸体系的重大战略平台，对推进制度性开放、助力郑州建设国家中心城市意义重大、影响深远。关于当前重点工作一是理顺工作关系，完善管理机构。各片区管委会是省政府派出机构，在省自贸办和所在地党委、政府领导下开展工作，享受省级经济管理权限，各片区管委会主任是片区建设第一责任人；二是抓紧落实须2017年年底前完成的109项改革试点任务。对照须完成的109项改革试点任务，梳理并报省政府向各片区下放的651项省级经济管理权限清单，切实转变政府职能，促进投资贸易便利化，尽快形成一批可复制可推广经验；三是编制出台各片区实施方案、产业规划、片区规划。各片区要按照"两体系、一枢纽"。战略定位，高起点、高标准编制产业规划、实施方案和片区规划；四是尽快建立自贸区信息共享系统。借鉴其他自贸区经验，建立完善河南自贸区信息共享网络办公平台，提升建设管理的制度化、科学化、规范化、现代化；五是持续抓好宣传工作。利用主流媒体，广泛宣传河南自贸区配套政策、工作举措、建设成效等，持续扩大影响力；六是加强自贸区各片区的统计工作。各片区要按照统计制度，按时上报各类报表及文字说明。关于保障各片区健康发展的工作机制：一是认真贯彻执行《中国(河南)自由贸易试验区管理试行办法》(河南省人民政府令第178号)，在管理体制、投资开放、贸易便利化、金融财税管理、服务"一带一路"建设等方面，强化法律保障；二是围绕改革试点任务落实，报请省政府领导协调相关部门下放经济管理权限，做好基础性工作；三是做到讲程序、守纪律，明确主体，分清责任。各片区管委会既要相互支持配合、交流经验、共同发展，又要互相竞赛、争创一流，大胆试、大胆闯，开创自贸区建设工作新局面。

3. 河南省工商局18项具体措施助推自贸区"放、试、创"

2017年4月23日，河南省工商局围绕深化自贸区商事制度改革，坚持"放、管、服"先行一步，出台了《关于支持中国(河南)自由贸易试验区建设的意见》，共14项政策措施和4项保障措施。

一是营造宽松便捷的市场准入环境。①推行"多证合一"，支持自贸区在"五证合一、一照一码"登记制度改革基础上，将更多证照整合到营业执照上，学习借鉴开封市"二十二证合一"改革实践经验。②实现企业登记全程电子化，支持自贸区推行"互联网+政务服务"，将实体政务大厅向网上办事大厅延伸，实现企业登记网上申请、网上受理、网上核准、网上发照、网上公示的全程电子化。③简化住所(经营场所)登记手续，放宽自贸区住所(经营场所)登记条件，深化"一址多照"改革，允许自贸区内企业集群注册。④推进名称登记制度改革，委托自贸区郑州、开封、洛阳片区登记机关核准冠省名企业名称；支持自贸区开展企业名称自主申报试点工作。⑤深化"先照后证"改革，支持自贸区对工商登记前置、后置审批事项目录实行动态管理，通过建立"双告知、一承诺"制度，进一步推动市场主体登记信息在工商与审批部门、行业主管部门之间互联互通。⑥完善市场主体快速退出机制，建立健全普通注销登记制度和简易注销登记制度相互配套的市场主体退出机制。

二是改革创新市场监管体制机制。①实现涉企信息的归集共享和依法公示，建立跨部门归集公示信息交换机制，逐步实现工商部门、审批部门、行业主管部门及其他部门之间信息实时传递和无障碍交换，并依法予以公示。②建立协同监管和联合惩戒机制，完善企业及相关法定代表人、负责人的信用记录和信用档案，强化信息公示、信息共享、信用约束功能，建立失信企业联合惩戒机制。③多举措强化企业信用监管，对企业实施信用分类监管，建立风险评估指标体系，开展监管风险动态评估，根据不同类型，实施精准监管。④全面推行"双随机、一公开"，建立市场主体名录库、各执法单位人员名单库及跨部门"双随机"抽查机制，依托国家企业信用信息公示系统(河南)，全面推行"双随机、一公开"监管。

三是加强信息化综合服务能力。①建立地方数据分中心，在郑州、开封、洛阳市工商局建立"河南省工商局数据中心分中心"，扩大国家企业信用信息公示系统(河南)协同监管平台的应用，建立市场主体数据迁移及返还机制，实现数据全量交换与应用。②提供全方位的信息化技术支持，支持自贸区与各地"河南省工商局数据中心分中心"实现服务平台数据交换，为片区实现"一号"申请、"一窗"受理、"一网"通办及名称自主申报、工商登记全程电子化等项改革试点，提供全方位的技术支持和技术保障。③运用信息化手段提升业务能力，建立市场主体数据对接机制，完善自贸区市场主体后置审批事项的"双告知"功能。

四是开展知识产权综合管理改革。在统一市场监管框架下，开展知识产权综合管理改革。支持自贸区洛阳片区建立商标、专利、版权等知识产权统一服务平台，将知识产权登记与企业注册登记有机融合，推行"一门式"服务，打通知识产权创造、运用、保护、管理、服务全链条，建立高效的知识产权综合管理体制和便民利民的知识产权公共服务体系。

为确保各项政策措施落地生效，省工商局在加强组织领导、强化责任落实、加强督促检查、注重宣传引导四个方面提出明确要求：①自贸区各片区工商局要高度重视，加强改革创新，拓展服务领域，提升服务水平；②要切实承担起先行先试的责任，做好与其他审批、执法部门的沟通协调；③要建立工作台账，对各项工作进展情况进行动态监控，定期向省局报送工作进展情况；④要充分利用广播电视、平面媒体及互联网等渠道，认真做好新政策的宣传工作。

4.开封片区创新投资建设项目审批模式

河南自贸区开封片区简化审批流程、提高行政效率、加快项目建设，探索推行投资建设项目"三个五"创新模式，即投资建设项目"五个一"审批及监管模式（一口受理、一体审查、一文批复、一链监管、一网运行），提高投资建设项目效率的5项保障措施（以规划代立项、多规合一、整体评勘、联合图审、统一验收），提升投资建设项目服务5项措施（帮办服务、"缺席默认、超时默认"、容缺预审、联合踏勘、二次退件报告），有效整合了部门职能，减少行政审批层级、简化流程，实现了信息共享、化繁为简，打造新型政务服务模式。截至2017年5月4日，开封片区已办理各类事项近千项，新注册企业422家。目前启动的恒大童世界一期等10余个投资建设项目，审批过程中均推行"三个五"创新模式，项目审批办理全流程时限由过去的至少180个工作日甚至一年多，压缩至80个工作日以内。

5.省政府召开河南自贸区全面实施"二十二证合一"改革工作推进会议

为加快推进河南自贸区"放、管、服"改革，提升企业商事登记便利化水平，2017年4月28日，省政府召开河南自贸区全面实施"二十二证合一"改革工作推进会议，总结"二十二证合一"改革经验，研究部署推广复制工作。

翁杰明常务副省长在总结讲话时强调，建设自贸区是党中央、国务院作出的重大战略决策，习近平总书记多次作出重要批示，李克强总理亲自推动部署；省委、省政府高度重视河南自贸区建设，全面推进改革、开放、创新，把自贸区定位为最为重要的改革平台。河南省商事登记制度改革成效明显，便利了企业入驻，在全国走在了前列。截至2017年年底，河南自贸区新注册入驻企业23623家，注册资本3175.4亿元。入区的国内外500强企业137家。入区外资企业合计139家，合同利用外资8.22亿美元，实际利用外资4.98亿美元，新设外资企业占比55%。其中郑州片区在各有关部门的大力支持下，以制度创新为核心，在五大服务体系构建、"一次办妥"、多式联运、投资贸易便利化等方面积极探索，扎实推进重点领域改革，主要工作取得阶段性成果，"两体系一枢纽"建设稳步推进。开封片区以"22证合一"、企业投资项目承诺制等为代表的系列制度创新走在全省前列，高标准编制完成了产业规、控规、城市设计等顶层规划；产业框架初步成型，"234"产业集群体系、"一心四谷两港"空间布局定位明晰；产业招商扎实推进，一批新产业、新项目、新业态逐步落地，入驻企业达2300多家，是挂牌前的10多倍。洛阳片区积极主动融入"一带一路"建设，到重点区域招商引资，围绕前期规划遴选入区项目，加快招商项目落地；大力气改善营商环境，创新选人用人机制；出台扶持政策推进金融创新发展；航空口岸建设、铁路口岸建设以及跨境电商平台等开放平台也得到积极建设，取得明显成效。

6.省政府召开河南自贸区多式联运建设工作座谈会

2017年5月19日，河南省政府召开河南自贸区多式联运建设工作座谈会，会议听取了相关单位的工作情况汇报。省商务厅、自贸办、交通运输厅、发展改革委、民航办、省政府口岸办、郑州海关、河南出入境检验检疫局、省邮政公司、郑州铁路局、省机场集团、陆港公司等单位相关负责同志参加会议。

省商务厅提出，商贸物流企业存在整体小弱散、仓储能力与需求差距较大、物流成本居高不下、标准化程度亟待提高等问题，特别是冷链物流呈现整合化、网络化、国际化、集约化的特点，需要进一步提质增效。并表示，下一步将围绕降低企业物流成本、加快发展特色物流等方面工作专题研究，并提出切实可行的发展路径。

省交通运输厅提出，多式联运存在大型枢纽设施建设滞后、多种运输方式之间融合程度不够、信息共享机制不健全、政策法规滞后等问题。并表示，下一步将加快完善交通基础设施，着力优化市场主体结构，加快推动重点领域发展，加快多式联运信息化建设，切实改善发展环境。

省发展改革委提出，多式联运建设存在各种交通设施衔接不畅、一体化运输组织水平不高、管理体制机制不健全等问题。并表示，近期将全力推进重大枢纽项目建设，拓展枢纽通道网络，成立物流一体化公司和信息交易平台，建立健全工作推进机制。

省民航办提出，发展多式联运面临着法规不完善、标准不统一，基础设施一体化衔接程度不高，信息平台技术不完善，国内多式联运企业实力不强，高层次航空物流人才不足等问题，并建议完善多式联运法律法规体系和标准体系，加强基础设施建设，加快口岸建设，加强信息化建设，支持多式联运承运人发展等。

省政府口岸办提出，建设过程中面临国家政策支持、口岸开放平台建设发展、通关机制创新等问题，并表示做好与国家部委衔接，推进电子口岸多式联运模块开发、通关机制优化创新等工作，持续破解相关难题。

郑州海关提出，铁路舱单信息共享及出口转关过程中安全检查问题，并表示支持郑州、洛阳机场增加国际客货运航班、航线，推进海关特殊监管区域、保税监管场所和口岸之间卡口联动管理，支持中欧班列(郑州)班次加密，加强与周边区域海关协作配合，支持地方打造面向企业的公共服务平台，实现多式联运企业的通关无纸化申报、电子化放行，推动口岸执法部门之间的"信息互换、监管互认、执法互助"，实现"一次申报、一次查验、一次放行"。

河南检验检疫局提出，需要进一步完善多式联运的相关标准体系，实现行业信息共享，丰富河南多式联运模式，创新检验检疫质量安全监管。并表示，下一步加强研究，明确目标定位，统筹规划建设。

省邮政公司提出，需加大支持郑州邮政航空邮件处理中心建设，支持开办邮政跨境电商一般模式、邮政商业快件业务，协调推进"一点通关、分拨全国"业务，对集散国际邮件给予费用补助。并表示，下一步重点推进郑州航空邮件处理中心建设和郑欧班列常态化运邮，创新在郑州开展进境邮件"一点通关、分拨全国"业务。

7.召开河南自贸区建设领导小组第二次全体会议

2017年5月22日，召开河南自贸区建设领导小组第二次全体会议。会议听取了河南自贸区工作办公室和郑州、开封、洛阳片区关于河南自贸区建设工作推进情况汇报，各成员单位及涉及下放省级经济管理权限的有关部门作了发言。会议原则通过了河南自贸区有关工作制度、统计报表制度、2017年工作要点和需完成的改革任务清单、省级经济社会管理权限下放清单。

会议强调，下一步要牢牢把握战略定位，以制度创新为核心、以可复制推广为基本要求、以风险可控制为基本底线，突出重点，扎实推进开放创新。重点在三个方面实现突破：一是深化商事制度改革，创新政府管理方式。要勇于改革，向落后的管理方式挑战，率先趟出路子，倒逼政府职能转变。要简化审批事项，对已经下放的省级权限要在扩大下放上做文章，对没有下放的权限要在主动下放上做文章，对无权下放权限的要在争取下放上做文章，做到该减的必减，该放的必放。要优化审批程序，重点优化项目建设、企业设立、经营管理、税务综合等四类事项的审批程序，做到"一窗受理、一章审批、一网通办、一单规范"。要提高审批效率，明确各类审批时限，做到精准办理、便捷办理、限时办理。二是积极探索多式联运，构建现代物流体系。

把落实战略定位作为自贸区建设的特殊使命，着力抓好信息平台建设，完善集、疏、运、配体系，健全多式联运规则，建立协调工作机制，力争在多式联运模式创新、现代物流体系健全完善上走在全国前列，形成河南样板，更好发挥河南在全国发展大局中贯通南北、承东启西的特殊作用。三是提升投资贸易便利化水平，营造透明法治规范的国际化营商环境。要逐步取消外商投资的准入限制，提升投资自由化水平。要建立完善国际贸易"单一窗口"服务平台，着力完善其综合服务功能，提升贸易便利化水平。要优化通关通检合作模式，进一步与高标准国际投资贸易规则相衔接，不断提高入驻企业满意度，提高自贸区影响力、吸引力。

会议要求，各级各部门要树立大局意识，各负其责，通力合作，密切配合，形成整体合力。要严格责任，推动落实，按照河南自贸区建设领导小组明确的工作原则和要求，按照职责分工，抓好各项工作落实。要注意深入企业调查研究，听取意见建议，对企业反映的实际问题要高度重视，认真研究解决，在实践中不断丰富思想认识。要主动配合，支持改革，全省合力把河南自贸区建设好。

会议强调，郑州、开封、洛阳市政府市长要亲自抓自贸区片区建设工作，郑州、洛阳片区管委会要抓紧完善组织机构，确保人员到位、责任到位、工作到位。省直各有关部门特别是一把手在省级权限下放问题上，要做到开明开放，能放尽放，凡其他自贸区已经下放到位的权限，省直有关部门都要认真研究，尽快下放到位。

8.河南自贸区启动企业投资项目承诺制改革

河南省印发《中国（河南）自由贸易试验区开展企业投资项目承诺制试点实施方案》（本节简称《方案》），率先在河南自贸区开展企业投资项目承诺制改革试点工作，对企业投资项目管理的重心由"事前审批"转到"事中事后监管"。

企业投资项目承诺制是指企业根据政府制定的标准公开作出承诺并建设项目，政府部门原则上不再审批相关事项，通过事中事后方式加强监管，并对违反承诺的行为进行惩戒的审批模式。

《方案》要求，试点工作要突出企业投资的主体地位，按照宽审批严监管的原则，通过加快转变政府职能，创新企业投资项目行政审批工作机制，缩减投资项目落地时限，提升投资项目审批服务效率和水平，探索建立以"政策性条件引导、企业信用承诺、监管有效约束"为特征的新型企业投资项目管理框架和模式。

《方案》规定，政府以法律法规设定的标准作为基准标准，制定高于基准标准的优先承诺标准并对外公布，企业自愿公开向社会作出承诺，按照标准开展项目前期工作和项目建设，自觉接受监管，政府相关部门对企业是否严格按承诺的标准和要求组织施工进行定期或不定期检查，并按照标准组织竣工综合验收。对违反承诺的企业，依法通过"信用河南"网站向社会公开披露，并按照有关规定进行惩戒。

《方案》提出，河南省将先期选择河南自贸区内已取得用地的市政基础设施、社会事业、工业和现代物流业等备案类企业投资项目开展企业承诺制试点，完善后逐步推广至全部备案类企业投资项目。

9.省国税局创新十项服务支持河南自贸区加快发展

河南省国家税务局贯彻"放、管、服"要求，主动担当服务自贸区发展的责任，争取国家税务总局政策支持，出台《关于支持中国(河南)自由贸易试验区加快发展有关服务措施的意见》，推出十项举措，用足用活税收政策，并下放管理权限，探索创新服务机制，实现优惠支持最大化、办税环节最简化、税收环境最优化。主要体现在五个方面：

一是探索"国地税一窗办理"，税收服务深度融合。税务部门统一进驻自贸区综合服务中心，郑州片区综合服务中心共设32个税务窗口，其中16个窗口为国地税间隔相邻窗口，为同时办理国地税业务的纳税人提供服务；另外16个窗口为国地税分别集中办理区域，主要服务单独办理国税或地税业务的纳税人。通过国地税相邻窗口，实现"一次叫号，国地税通办"，即纳税人只需叫一个号、到一个窗口，即可办完国税、地税的涉税事项。

二是以顺畅办税为目标，创新纳税服务。①设立首席服务官。自贸区的纳税人，指定业务骨干担任首席服务官，负责税收政策宣传、涉税问题咨询、多元办税指导和涉税权益保护等。②开展"咨询辅导点单"。推出多途径的涉税咨询方式，纳税人可到自贸区综合服务中心国税咨询台现场咨询，或拨打12366热线咨询，或关注河南国税微信公众号，并推出了"二维码"一次性告知措施，实现基本办税流程、报送资料、办理时限等信息的一次性电子化告知。③推行电子发票。针对自贸区内纳税人，优先推行电子发票应用，积极推行发票领用"线上申领、线下配送"，让纳税人足不出户领用发票。④拓展"免填单"。对自贸区内纳税人发生频率较高、填写难度较大的涉税业务全部实施免填单、电子填单等服务，节省办税时间。⑤实行业务通办。持续拓展省内通办业务范围，纳税人可到自贸区综合服务中心办理业务，也可就近选择其他办税服务厅办理业务。

三是加快推行自助办税，打造多元办税新格局。①开展"业务自助预约"。在自贸区综合服务中心公开预约电话、微信公众号等联系方式，如果遇到办税高峰，可进行预约办税。②提供网上办税。国税部门结合自贸区税源状况，进一步优化网上办税厅功能，完善各类自助办税终端功能，延伸24小时自助办税服务，加快推行"非接触式、线上、远程"办税服务，在驻厅办税的基础上，打造网上办税、移动办税、自助办税等多元化办税格局，让自贸区纳税人多走"网路"、少走"马路"。

四是深化税银合作，助力守信企业发展。目前，国地税已经与多家银行建立起了纳税信息互动机制，税务部门以约定方式向银行传递企业纳税信用评价结果以及经纳税人授权的相关信息，银行根据税务部门传递的纳税信用评价结果和纳税信息，将企业的纳税信用转化为银行的授信额度，并依法为企业提供无担保、无抵押的信用贷款及相关金融服务。自贸区纳税人可积极利用这一合作优势，将纳税信用转化为真金白银，加快自身发展。

五是提高退税效率，推动对外贸易便利化。逐步推行出口退（免）税无纸化管理试点，试点企业直接使用电子数据网上申报出口退税。实行限时办结，明确业务办理流程，在规定时限内办结业务。为出口企业发送提醒短信，及时提醒企业掌握退（免）税申报的剩余期限，统筹安排退税申报。

10.省公安厅出台支持河南自贸区建设有关出入境政策实施细则

河南省公安厅赴公安部争取了七项优惠政策支持。出入境管理工作属于中央事权，《方案》中涉及省公安厅承办事项共14项工作任务，突破现行政策规定的，须向公安部申请政策支持。2016年11月28日，按照省自贸办通知要求，省公安厅立即派员到公安部开展对接工作，专题汇报河南自贸区进展情况，草拟了11条涉外政策支持清单，争取支持。2017年2月28日，公安部推出了自贸区建设七项优惠政策措施。具体内容如下：

一是对符合认定标准的外籍高层次人才及其配偶、未成年子女，经自贸区管委会等单位推荐，可直接申请在华永久居留。授权省级公安机关会同当地有关部门制定人才认定标准，报公安部批准后实施。

二是外籍人员已在当地连续工作满4年、每年在我国境内实际居留累计不少于6个月，有稳定生活保障和住所，工资性年收入和年缴纳个人所得税达到规定标准，经工作单位推荐，可以申请在华永久居留，并允许其配偶和未成年子女随同申请。授权省级公安机关会同当地有关部门按照上一年度本区域人均水平倍数规定工资性年收入标准和纳税标准，报公安部批准后实施。

三是外籍华人具有博士研究生以上学历在当地工作，或外籍华人在当地连续工作满4年、每年在我国境内实际居住累计不少于6个月，可直接申请在华永久居留。

四是对来当地探望亲属、洽谈商务、开展科教文卫交流活动及处理私人事务的外籍华人，可以签发5年以内多次入出境有效签证；对在当地工作、学习、探亲以及从事私人事务需长期居留的，可以按规定签发有效期5年以内的居留许可。

五是对具有创新创业意愿的外国留学生，可以凭我国高校毕业证书申请2至5年有效的私人事务类居留许可（加注"创业"），进行毕业实习及创新创业活动。期间，被有关单位聘雇的，可以按规定办理工作类居留许可。对经省级公安机关出入境管理机构备案的企业邀请前来实习的境外高校外国学生，可在入境口岸申请短期私人事务签证（加注"实习"）入境进行实习活动；持其他种类签证入境的，也可在境内申请变更为短期私人事务签证（加注"实习"）进行实习活动。

六是在当地工作的外国人，如其已连续两次申请办理工作类居留许可，且无违法违规问题的，第三次申请工作类居留许可，可以按规定签发有效期5年以内的工作类居留许可。

七是有关企业选聘的外籍技术人才和高级管理人才，办妥工作许可证明的，可在入境口岸申请工作签证入境；来不及办理工作许可证明的，可凭企业出具的邀请函件申请人才签证入境。

省公安厅还积极争取外国人过境免签政策。借鉴北京、上海、广东等地外国人过境免签政策申请工作经验，结合河南省实际，省公安厅代省政府起草了《河南省人民政府关于郑州航空口岸实施72小时过境免签政策的请示》（豫公通〔2016〕225号），在省政府统一指挥下，与省外侨办、口岸办、自贸办、实验办等单位一起，做好政策争取工作。

在制定在豫外国人服务政策方向，省公安厅用好用足法律和政策规定，在法律法规允许的框架内，制定相关涉外政策，支持自贸区建设。一是出台了《河南省外国人管理服务工作规定》。2016年12月23日，召开了河南省外国人管理服务工作联席会议第一次会议，审议通过了《河南省外国人管理服务工作规定》，省公安厅发挥牵头作用，联系、协调人社、工商、税务等成员单位共同做好在豫外籍高层次人才服务管理工作。二是联合省委组织部等24个政府部门，于2017年2月8日印发了《在豫永久居留外国人享有相关待遇的办法》，明确了在豫永久居留外国人在就业、居留、购房、出行等方面应享受的待遇。

11. 召开自贸区片区例会，部署下一步工作具体措施

2017年6月13日，省自贸办召开片区工作例会，听取各片区管委会挂牌运行及统计工作开展情况汇报，省自贸办主任、商务厅厅长焦锦淼分析了当前自贸区建设面临的新形势、新情况、新问题，安排部署了当前重点工作，通报了河南自贸区近期工作进展情况，传达了4月17—19日国务院自贸办举办的自贸区风险防控、地方联系工作会议，5月4—10日中组部、商务部联合举办的省部级干部提高自贸区建设质量专题研讨班、5月22日河南自贸区建设领导小组第二次全体会议等一系列专题会议精神。郑州、开封、洛阳片区管委会及省商务厅有关处室负责同志参加了会议。

自河南自贸区挂牌运行两个月以来，整体建设工作推进有序、进展顺利，但也面临着兄弟省（市）竞相发展的竞争压力增大、个别部门改革创新勇气不够、专业人才储备不足等紧迫问题，要积极应对、妥善解决，确保在新设立自贸区中保持领先位置。关于下一步工作，提出了3个方面8项具体措施。第一，认识要再提高。自贸区是以制度创新为核心，以风险防控为底线，以可复制推广为目的，是制度性开放。各片区、各部门要深入贯彻中央、省关于自贸区工作的系列会议精神，严格落实河南自贸区建设领导小组及办公室各项工作制度、工作规则，进一步提高思想认识，强化责任担当，加大工作力度，抓好各项工作落实。第二，重点要再突出。一是深化商事制度改革，推进政府管理方式创新。在"二十二证合一"商事登记制度改革成果基础上，继续探索"多证合一""先照后证"改革。加快行政审批制度改革，实现"一窗受理、一章审批、一网通办、一单规范"。完善行政部门权责清单，并依法向社会公开。探索"互联网+政务服务"新模式，打造政务服务"一张网"。开封片区要侧重在商事制度改革方面先行先试、制造经验。二是加快提升投资贸易便利化水平，打造与高标准国际投资贸易规则相衔接的国际化、法制化、便利化营商环境。实施外商投资负面清单管理模式，探索项目承诺制、备案文件自动获准制等。大力发展跨境电商等新型贸易方式，推动贸易转型升级。推进通关通检便利化改革，优化大通关合作机制。洛阳片区要侧重在投资贸易便利化改革发面先行先试、创造经验。三是以多试联运为抓手，构建现代物流体系。建立以信息化共享为目的的多式联运"一单制"，完善畅通物流服务通道的集疏运体系，健全跨运输方式的协调工作机制。郑州片区要侧重在构建以多试联运为抓手的现代物流体系方面先行先试、创造经验。第三，措施要再强化。明确了8个方面的举措：一是加快组建片区管理机构；二是尽快落实改革试点任务；三是着力推出一批改革创新成果；四是做好片区统计工作；五是高起点做好片区规划工作；六是加大推介招商力度；七是强化风险防控工作；八是建立考评督查机制。

就落实下一步工作提出了5点要求：一是重点工作要全面铺开，同时全面做好片区规划工作；二是抓好统计工作，明确专人负责，统计内容要全面客观；三是各片区要将工作开展情况及文件、简报及时报省自贸办，以便抓好总结及复制推广工作；四是各片区要各有侧重，实现差异化发展；五是开展好压力测试，风险防控等工作，既为国家试制度，也为地方谋发展。

12. 质检总局四个方面支持河南自贸区建设 大幅提升自贸区的贸易便利化水平

2017年5月24日，质检总局复函河南出入境检验检疫局，同意在河南自贸区实施原产地证书"信用签证"管理及进出口工业产品（进口服装、金属材料）第三方检验结果采信试点。

6月6日，质检总局正式出台《质检总局关于推进检验检疫改革创新进一步支持自贸区建设的指导意见》，提出了包括河南在内的新一批自贸区建设的支持意见。

支持意见围绕国务院印发的自贸区建设方案，充分利用自贸区的改革创新引领作用，大胆试、大胆闯、自主改，进一步探索推进自贸区检验检疫监管模式改革。主要包括4个方面16条支持意见。

一是深化试点探索，推进简政放权。支持意见包括优化审批流程、完善审批模式、创新认证监管、探索优化口岸卫生许可等。提出支持在各地自贸区综合服务大厅实行检验检疫相关审批"一口受理"服务模式，自贸区内食品生产加工企业申请出口食品企业注册备案的，采信企业HACCP认证或自查内审结果声明等内容。

二是加大支持力度，促进产业发展。支持意见包括促进入境维修/再制造产业发展、促进检验检测产业发展、支持国际物流大通道建设、支持中欧班列扩量增效、支持重大项目建设等。提出支持指定口岸建设，推动提升指定口岸运营水平。支持多式联运国际物流中心建设。优化拼箱拼装货物检验检疫监管模式，提高检验检疫效率。支持冷链物流发展，扩大班列运输食品范围，促进打造中欧班列枢纽。

三是优化监管模式，提高贸易便利化水平。支持意见包括深化分线管理模式、探索优化查验放行模式、探索完善事中事后监管、测算和压缩检验检疫放行时间等。提出探索自贸区内进出口产品检验检疫分类监管新模式，针对不同的监管对象和产品特点，实行基于合格评定的多种放行模式。建立多维度事中事后风险监测、评估和预警机制。进一步优化检验检疫工作流程，强化流程管理，加强各环节之间工作衔接，压缩检验检疫平均放行时间。

四是加强协作配合，形成工作合力。支持意见包括支持国际贸易"单一窗口"建设、加强部门协作配合、加强对外国际合作等。提出支持推进国际贸易"单一窗口"建设，密切与自贸区管委会的协作，积极配合管委会有关工作的落实，形成合力，支持自贸区与"一带一路"沿线国家开展检验检疫、认证认可等方面的合作与交流，逐步实现信息互换、监管互认、执法互助。

质检总局出台支持自贸区意见，旨在通过在自贸区实施支持政策，试点探索创新制度，形成一批国际化程度高、创新性强、用户体验好的改革举措，大幅提升自贸区的贸易便利化水平，促进河南自贸区建设。

13.商务部、国税总局同意将内资租赁企业融资租赁业务试点下放到河南自贸区

为贯彻落实《中国（河南）自由贸易试验区总体方案》，省商务厅、省国税局与相关部委积极对接。2017年6月6日，省商务厅、省国税局下发通知，将注册在河南自贸区内的内资租赁企业融资租赁业务试点确认工作委托给省商务厅、省国税局，并于6

月15日起执行。

通知要求，一是省商务厅应当指导和督促试点企业通过全国融资租赁企业管理信息服务平台报送各项信息，并对企业上报信息及时审核。每月末要将新纳入试点范围的企业基本情况报送商务部，同时抄送税务总局。每季度要将试点工作开展情况报送商务部，同时抄送税务总局。每年度结束后要督促企业尽早填报相关年度报表信息。要及时研究信息服务平台运行及信息化监管工作中存在的问题，发现问题应积极研究应对并上报商务部和税务总局。

二是省商务厅要依据行业管理职责强化事中事后监管制度，实时监督企业依法依规开展经营，利用现场和非现场结合的监管手段，充分发挥信息服务平台的作用，加强风险监测、分析和预警，切实防范区域性、系统性风险。

三是纳入试点范围的企业应当遵守法律、法规、规章及《融资租赁企业监督管理办法》的相关规定，接受行业主管部门的监管，及时、准确通过信息服务平台报送信息，按时缴纳各种税款。若迁出自贸区，应当按自贸区外企业申报试点现行规定重新申报确定试点资格。

14. 省高级法院出台意见，为河南自贸区建设提供司法服务和保障

为全面贯彻落实《中国（河南）自由贸易试验区总体方案》和《最高人民法院关于为自贸区建设提供司法保障的意见》（本节简称《意见》），充分发挥审判职能作用，结合河南省审判实践和工作实际，省高级法院出台为河南自贸区建设提供司法服务和保障的意见。

党中央、国务院决定在河南省设立自贸区后，省委、省政府高度重视、迅速启动相关建设工作，经过深入调研论证，研究制定了河南自贸区建设实施方案、管理试行办法等相关文件，要求有关部门解放思想、主动协调、大胆创新，为河南打造内陆开放高地、深度融入"一带一路"倡议营造良好的制度环境。全省法院承担着为河南自贸区建设提供司法服务和保障的重大职责，为认真贯彻落实党中央、国务院和省委省政府的决策部署，省高院结合我省审判实践和工作实际，深入细致研究，反复调研论证，制定了本《意见》，要求全省法院主动融入、积极作为，充分发挥审判职能作用，全力服务保障河南自贸区建设。

《意见》要求全省法院正确把握工作原则，一是必须坚持服务大局与依法办案相结合的原则。强化大局意识、服务意识，依法妥善处理各类涉自贸区案件，努力实现法律效果与社会效果的有机统一。二是必须坚持审判质量与效率统一原则。正确处理好公正与效率、质量与数量的关系，落实司法责任制改革，让审理者裁判、由裁判者负责，应对自贸区建设中已经和可能出现的各类诉讼案件受理、审理、裁判及执行等问题。三是必须坚持平等保护与把握重点相结合的原则。依法平等保护自贸区各类市场主体合法权益，维护公平竞争的市场环境的同时，以自贸区"两体系、一枢纽"相关基础建设为重点，强化司法保障和服务，确保取得实效。四是必须坚持严格公正司法与鼓励创新、促进开放相结合的原则。注意准确区分犯罪与改革发展中创新行为的界限，依法严厉打击各类违法犯罪。注意把握好利益平衡，发挥好司法对创新驱动的支持和规范作用，主动适应经济发展新常态。

《意见》就服务保障河南自贸区建设提出了3方面14条具体措施。

一是全面加强涉自贸区案件审判工作。①突出打击重点，严格刑罚适用；②平等保护各方，优化投资环境；③强化知识产权保护，服务保障产业创新；④加强权益保护，促进劳动关系和谐稳定；⑤注重环境保护，服务保障生态建设；⑥监督支持依法行政，促进优化政务环境；⑦完善执行工作机制，着力构建良好诚信体系。

二是优化司法功能方式，创新服务保障机制。①完善多元化纠纷解决机制，着力化解各类争端；②持续推进改革创新，提升服务保障水平；③完善分析研判机制，增强工作的系统性与针对性；④加强司法交流合作，提升国际化服务水平。

三是加强组织领导，不断提升服务保障水平。①健全工作机构，强化组织保障；②加强队伍建设，提升司法能力；③强化舆论宣传，营造浓厚氛围。

为提升服务保障水平，省法院成立服务和保障自贸区建设工作领导小组，片区所在市法院设立办公室，强化组织保障。同时，加强队伍建设，选拔培育一批熟悉中外法律、相关国际条约、国际惯例和审判实务，且具有一定外语水平，掌握金融、航运、知识产权等相关领域知识的专家型复合型法律人才担当审判重任。此外，加大宣传力度，及时总结好的经验，鼓励车引导全省法院干警立足本职，服务大局，勇于探索，锐意创新，为符合和保障河南自贸区建设作出更大的贡献。

15.举办河南自贸区建设与发展专题研讨班

为贯彻落实党中央、国务院和省委、省政府关于加快自贸区建设、打造内陆开放高地的决策部署，在更广阔范围释放改革红利，2017年6月26—30日，省委组织部、省商务厅、省自贸办联合举办的河南自贸区建设与发展专题研讨班在上海浦东新区区委党校成功举行。研讨班既站位全国大局又结合河南实际，突出自贸区在全省对外开放中的引领带动作用；既注重"关键少数"、实施精准培训，又注重覆盖全省、实施全面培训。通过调训形式，全省18个省辖市开放工作、商务工作分管领导、河南自贸区建设领导小组成员单位分管领导和省自贸办、郑州、开封、洛阳片区管委会负责人等80余人参加了研讨培训。

为办成一期高质量研讨班，突出理论性、系统性、实用性和可操作性，省自贸办组织专门力量，研究提出培训课题，特别邀请国务院发展研究中心、商务部研究院、上海自贸区研究院、浙江大学、上海自贸区政策研究局等单位的领导专家，围绕国家自贸区战略、投资贸易便利化、自贸区建设最佳实践案例、自贸区建设与跨境电商发展、招商引资实务、自贸区评估等进行了专题辅导授课。

研讨班通过领导动员、专题辅导、专家授课、现场教学和分组研讨等多种形式相结合，提升了吸引力、针对性和实效性。参训学员通过学习研讨，进一步明确了自贸区的核心内涵和重大意义、方法路径和政策举措，进一步提升了政治站位，掌握了专业方法，接受了观念洗礼，开拓了眼界思路，坚定了信心决心，实现了学有所得、学有所获。特别是全省各部门和非自贸片区的省辖市领导，澄清了自贸区建设与己无关等模糊认识，明确建设河南自贸区要做参与者，不做旁观者。本次研讨班推动了思想解放和观念转变，形成了合力，必将对加快河南自贸区建设、扎实推进全省对外开放工作、构建开放型经济新体制奠定坚实的思想基础，发挥积极的促进作用。

2.2　河南自贸区对河南经济的影响

经营一个区域的核心就是有效地利用拥有的多种资源，使之转化为真正的生产力。自贸区建设在推动区域经济发展的同时，也带动了周边区域经济的协调发展，从而产生经济的集聚效应和辐射作用。因此，河南自贸区建设不仅会成为郑州、开封、洛阳三个片区经济新的增长点，也会对周边区域经济的发展起到激励作用，打造河南自贸区对中原区域经济与国际接轨的驱动机制，推动区域经济发展。截至2017年年底，河南自贸区新设立企业23623家，注册资本总额3175.41亿元人民币。河南自贸区经济运行总体良好，境内外企业竞相入驻，对外投资管控有序，自贸区内的贸易和税收持续增长。以下从河南自贸区建设对政府职能转变、金融服务业发展、物流业发展、产业升级、国际经济合作和转型等方面的影响进行阐述。

2.2.1　对政府职能转变的影响

自从改革开放以来，河南省一直坚持改革，随着三十多年的以经济改革为主导的改革，市场经济体系，包括建设市场经济体系所需要的法律制度和其他制度都逐渐充实起来。但是目前经济发展似乎进入了瓶颈期。如果河南想取得更深层次的发展改革，必须从加快政府职能转变着手。实际上，在第十一个五年计划期间，我国政府已经非常准确地提出了"加强行政体制改革，是全面深化改革和提高对外开放水平的关键"。但是如何改革一直是河南省政府在思考的关键点。河南省可以依托河南自贸区的建设，采取新的政府管理模式，一方面减少行政审批事项，减少政府对市场的干预。另一方面，对于政府在职责范围内应管理的事情，政府不仅要主动管理，更要主动管好。例如可以借鉴上海自贸区的负面清单管理模式+准入前国民待遇，体现政府放权的思想，放弃审批制，不再对产品的生产、销售、分配等进行集中的决策，一方面可以防止出现产品生产过剩，另一方面可以防止腐败的发生。

政府向服务型转变。河南自贸区建立后，政府要做到高效管理，就要改变以往政府机构各扫门前雪的状态，将不同部门有机联动起来，信息共享，协同管理，联合行动，这样企业的服务和事中事后监督才是高效，因此河南自贸区的建立对政府职能改革来说是一次观念上的改变。

政府评估机制的转变。河南自贸区在河南乃至中西部内陆地区可以起到先行先试的作用。对企业经营的评估机制以信息跟踪为主导，了解企业实际的经营收入、盈利能力、偿债能力、有无公布虚假信息等，建立一套以真实数据为支撑的评估体系，提高企业经营的透明度。

2.2.2　对金融服务业的影响

1.为金融服务业提供机遇

虽然根据中国加入世界贸易组织的承诺，从2006年开始，中国已经取消了所有对外资银行的所有权、经营权的设立形式，包括所有制限制，外资银行可在中国获取国民待遇，并允许外资银行向中国客户提供人民币业务服务。但是在河南设立分支机构的外资银行数量仍然不多，一方面是由于经济总量限制，另一方面也与河南的开放程度有关。河南自贸区的建立有助于河南试点在自贸区内逐步放开外汇管制，允许金融企业直接开展外汇业务，鼓励外资与民资成立合资银行，引导民资通过合法途径进入金融行业。

如果可以将金融风险降低到可以接受的水平，就可以尝试在自贸区内实现人民币资本项目可兑现、人民币跨境使用方面便利化、逐步放开金融市场利率使之市场化，这些项目在自贸区内进行先行先试可以带动河南地区人民币结算业务的发展。开展人民币跨境结算业务，一是可以简化人民币刬净使用的业务流程，只需要凭借自贸区内机构和个人提交的首付款指令就可以直接办理业务，银行可以在不对各种单据进行审核的情况下为客户直接办理相关业务，极大程度地提高办事效率；二是通过明确业务范围办理园区内收支业务，极大地提供便利并增加自贸区的吸引力，活跃自贸区经济；三是自贸区可以提供差异化金融业务，这有利于企业降低财务成本，吸引更多企业进入自贸区。四是可以推动跨境E贸易的发展，银行可在区内开展互联网支付业务，直接向区内电子商务运营机构提供人民币结算业务，推动自贸区"平台经济"的发展。

2. 对期货市场的影响

在期货交易方面，河南的郑州商品交易所是我国第一家期货交易所，是国务院确定的全国三家期货交易所之一，它成立于1990年10月，是我国首家期货交易试点单位，并在1993年5月正式交易，截至2017年，上市期货品种已经由2009年的7个增加到现在的16个，上市合约数量在全国3个期货交易所中居首。而且郑州期货交易所，在2014年，为了隔夜交易跳空的风险，开始实施夜间交易，与上海期货交易所和大连期货交易所相比，郑州期货交易所夜间交易品种相对较多，对于郑州期货市场的发展影响较大。河南自贸区建成后，可以逐步放开境外企业投资国内期货的限制。对国内商品期货交易有着深远的影响。首先，可提高国内期货市场的流动性，通过境外企业的参与，丰富国内期货交易的主体，扩大投资者的投资队伍。其次，可增强国内期货市场与国际期货市场的联动性。允许境外投资参与商品期货交易在改变市场主体的同时，也可以在一定程度上重塑投资者的投资习惯，促进国内外期货品种价格同步化。第三，提高郑州期货市场在全球期货商品交易中的地位。从事生产、贸易的企业可以通过期货市场的价格了解国际大宗商品的价格走势，通过对冲降低风险，随着河南自贸区的建立，郑州商品交易必将多元化、国际化，实现交易规模的新增长，河南在全球商品期货交易中的地位也将显著提升。

2.2.3 对物流业的影响

郑州新郑综合保税区于2010年10月24日获批，规划面积为5.073平方公里，2011年11月4日封关运行，目前运行良好，是郑州航空港经济综合试验区进一步发展现代物流的坚实基础。郑州新郑综合保税区在促进河南省发展现代物流业方面主要有以下几点优势：第一，郑州航空港经济综合试验区物流发展有明显的地理位置优势，它所在的河南省省会郑州，是我国一直以来的重要的交通枢纽，我国重要的铁路公路网都由此经过。郑州航空港经济综合试验区距市区20公里，是以郑州新郑国际机场为基础，经过不断扩充而发展起来的重要的经济发展区域，港区内空域条件较好，由于地处我国中心地区，因此能在一个半小时航程内飞抵我国三分之二的主要城市和60%的人口集聚区。2014年、2015年，郑州航空港货邮吞吐量增速均居全国第一，货邮吞吐量由全国第12位上升到第8位，跻身全国机场前10名。河南全省铁路营业里程5205公里，郑州被称为中国铁路的心脏，是我国京广与陇海两大铁路网的交会处，其拥有的郑州北站目前是我国也是亚洲最大的铁路编组站，而近年来新建的郑州东站高铁站已经成为我国铁路运输最大的零担货物中转站。而且举世瞩目的郑欧班列已通车，2015年开行班数占到中欧班列的1/4左右，为亚欧大陆桥沿线的国家源源不断地输送中国制造的各种商品。同时"米"字形布局的以郑州为中心的高铁网建设也在不断加快。高速公路运输方面，107国道、310国道以及京广澳、连霍等高速公路均在郑州交会。截至2015年，河南省高速公路通车里程已经达到6305公里，现代化的综合交通体系日趋完备，航空、铁路、公路高效衔接互动发展，这些都为以郑州航空港为主要支撑的河南自贸区的物流发展奠定了坚实的基础。第二，河南自贸区以交通物流为战略特色，涉及现代物流、跨境电商等领域，为郑州新郑综合保税区的发展提供政策支撑。如今越来越多的属于电子、信息、航空、运输等行业的国内外著名企业正加快向郑州航空港投资，发展势头良好，2014年，郑州航空经济港综合试验区引进正威、酷派、中兴、天宇、展唐等手机整机及配套企业进驻，目前已有富士康、中兴等12家手机整机生产企业，产能约占全球智能手机供货量的1/8，郑州已初步建成全球重要的智能手机生产基地。此外，智能终端产业链基础也在发展完善之中，中国移动、友嘉精密机械产业园、普传物流基地等项目相继签约开工。第三，开放活力不断显现。郑州航空经济港综合试验区各类园区的集中布局及口岸功能港区联动机制通关便捷化的提升，彰显出郑州航空港经济开放的活力，郑州航空港区和国际陆港建设打开了郑州乃至河南通往世界的"空中丝路"和连接欧亚的郑欧班列的新丝路，为郑州从买全国卖全国的国内商城逐渐向买全球卖全球的国际商都转变奠定了基础，打开了国际物流网络。第四，不断发展的航空港，为企业提供了相对较低的物流成本。河南地处中国内陆，相比沿海省份开放较晚，又是人口大省，因此，人力成本相对较低。总体来讲，郑州航空港区目前处于快速发展阶段，还有相对宽裕的规划用地，而且土地承包相对较低，再考虑到它优越的地理位置和完善的交通配套，是非常适宜建立较大规模的物流产业集群，从而达到进一步减少物流服务成本的目的。

河南自贸区建成之后，将成为我国重要的国际物流枢纽和区域物流中心。主要支撑发展基础物流，并结合保税物流引领各项物流发展的综合物流发展体系。未来在河南自贸区内必然会形成物流项目的龙头企业，以龙头企业带动中小型物流企业和相关产业的整合发展，从而全方位地提供更加完善的以货物集散、保税仓储、进口贸易和转口贸易、物流信息管理、电子商务等服务功能为一体的综合物流基地。

具体来说，综合物流基地的建设主要通过下述的一些途径实现：一是在河南自贸区内鼓励大型跨国公司建立分部，以其国际业务为核心的国际采购为主导，在河南自贸区内设立跨国公司的采购中心和中转中心，其主要业务是面向国际的全球业务板块；二是鼓励发展更加专业的第三方物流，建立知名的第三方物流企业，将整个自贸区的物流也向上下游企业延伸拓展，为区域内各客户提供一条龙的综合专业物流服务。这样，可以形成多种类型的物流企业，大批量大规模集中布局在自贸区内，并从功能上相互衔接，相互补充，形成具有综合服务功能、服务门类互补的物流集结点，完成对物流供应链的各个环节的有效衔接。这些物流企业中，除了有能提供国际化的物流服务的企业外，还有以代理报关、减免税申请、资金结算等为主要业务的保税港区特有的衍生服务企业，从功能上完善了区内物流产业链。形成专业化的物流产业链，对自贸区区域经济发展有明显的推动作用：一方面通过高效的物流效率，实现物流产业链从货物运输到存储加工到报关完税等环节细化的分工，不仅降低区内企业的物流成本，而且满足区内企业的高层次物流需求；另一方面，专业的物流产业链还有利于塑造河南自贸区内物流品牌效应，从而达到吸引国际知名物流公司加入，凝聚物流产业群，优化拓展物流产业链，推动区内物流水平向国际化、综合化、高端化方向发展，吸引物流、商流、信息流、资金流的集聚，营造高效、便利的国际物流环境。

2.2.4 对资源开发的影响

1.传统资源的开发

河南自贸区是依托郑州航空港而设立的，劳动力、土地等生产要素或自然资源禀赋极其丰富。河南自贸区建立以后，可依托自贸区成本相对较低的土地资源优势和周边密集的人口资源优势，吸引跨国企业前来投资，建立各种类型的产业园区，最大限度地优化利用区内资源。同时自贸区的建立，必然伴随着诸多配套的优惠政策，使河南自贸区成为中西部地区的"政策高地"。得天独厚的自然资源、配套设施、人口资源与自贸区建立后形成的社会资源、政策资源在自贸区内实现有机结合，一方面将促进州航空港原有的区位优势的进一步扩大，带来更广阔的消费市场并激发物流产业链的完善，另一方面，郑州航空港现有的保税贸易政策和各种通关便利化的机制及措施也能在促进区内高附加值和高活力的第三产业发展上发挥更大的作用，从而使自贸区的发展速度和发展水平得到较大幅度的提高。

2.智能要素的引进

在开放的河南自贸区内，提倡高附加值高技术产业在区内经济中占更重要的地位，并在政策方面给予一定的倾斜，这必然会吸引更多的投资者涉足这些行业。未来自贸区会引入更多的高素质人才来从事这些行业，如各种科学技术研发、电子信息技术研发和高附加值的现代服务业（如金融服务、物流服务等），在区内形成更多有竞争力的发明专利和社会科学成果，使这些产业成为自贸区未来的主导产业，占据重要的资源和生产要素，为河南自贸区未来的长远发展创造更多的经济效益和更大的社会价值。

2.2.5　对产业升级的影响

1．产业集群的快速形成

河南省从2008年开始部署产业集聚区建设，坚持"三规合一"（产业集聚区规划与土地利用总体规划、城市总体规划精准对接）、"四集一转"（企业、项目集中布局、产业集群发展、资源集约利用、功能集合构建、促进人口向城镇转移）、产城互动的基本要求，以提高产业竞争力为核心，大力实施产业集聚区提升工程和先进制造业大省建设，为实现中部地区崛起、河南经济发展、富民强省提供有力支撑。在几年的建设和发展中，河南产业聚集区在应对国际金融危机对河南经济的影响和产生的冲击中发挥了关键性的保障作用，并且日益成为河南实现转型发展的新的支撑点和突破口，也为河南县域经济和乡镇经济的发展找到了新的发展契机，不仅解决了经济发展问题，也解决了农业人口的就业问题。2010年以来，全省180个产业集聚区，从规模到效益都取得了超常规的增长，新兴产业成长与传统产业结构优化开始升级，同时还创造了大量高质量的就业岗位，推进了经济税收快速增长，为适应新常态奠定了稳定基础。

2010年，全省产业集聚区建设面积为1099.88平方公里，比上年增长30.1%；2011年，全省产业集聚区建设面积达到1415.74平方公里，比上年增长28.7%；2012年，全省产业集聚区建设面积达到1637.00平方公里，比上年增长15.6%；2013年，全省产业集聚区建设面积为1740.66平方公里，比上年增长6.3%。2010年，入驻"四上"企业6872家，比上年增长12%；2011年，"四上"企业发展到8603家，比上年增长25%；2012年，"四上"企业发展到9883家，比上年增长14.9%；2013年，入驻"四上"企业11125家，比上年增长12.6%。河南产业聚集区的发展一方面为自贸区建设提供了条件，另一方面自贸区建成后必将进一步加快河南产业集聚。

河南自贸区的产业聚集效应主要体现在各种资源要素上。自贸区定位是国家在内陆建立的首个试验区，内陆市场广阔，但是从政策层面来讲，原有的国家政策并没有强力的优惠，没有对企业在内陆地区的投资起到促进。河南自贸区的建设将吸引各个企业前来注册，这无疑会使得资本、人员等资源要素的流入。自贸区政府对企业的干预程度将会降低到最低水平，因为这充分体现了自贸区的开放程度，政府在自贸区内进一步放宽政府权力，对各项事务主要采取事中事后管理，这样可以方便更多类型的企业进驻河南自贸区经营。放松禁入条件，让一些中小型民营企业也可进驻自贸区，这有助于自贸区内企业发展的多样化，增加自贸区内从投资金融到对外贸易的便利化，将自贸区政策惠及到更多企业中，这对其他地区，特别是自贸区周边地区的优质企业将产生巨大吸引力。另外，在引资方面，自贸区基于市场和政策上的优势会产生辐射效应，同时也可能产生虹吸效应，对中西部其他地区，特别是自贸区附近区域，会有削弱其资本吸引力的效果，给这些地区未来经济发展带来巨大压力。这些都会引发中西部地区进一步的产业聚集浪潮，在短时间内重新改变中西部地区区域经济发展的格局。

在河南自贸区内贸易、物流、出口加工等主导产业群繁荣发展之后，与主导产业相关联的新产业不断涌现并开始发展，在河南自贸区内形成各相关产业的产业链，在产业间通过前向关联，形成和推动上游生产原材料、零部件等产品的产业发展，通过产业链后向关联，带动下游形成完整的生产销售服务体系，形成更加完整的配套服务企业的聚集，产生更加完善完整的新的产业集群和产业链，并在发展中迅速形成规模。在河南省鼓励产业集聚、产业集聚区发展的前提下，一旦相关产业形成产业集群的雏形，政府将会制定更多优惠政策鼓励产业集群的建立，如制定产业集聚区的发展规划，给予优惠的投资政策，突出重点扶植产业的主导地位，鼓励上下游配套产业和配套服务的发展壮大。区内各产业通过专业化分工，分别进行横向、纵向联系，不断延伸产业链条，也从另一方面促进产业集群发展。同时，自贸区还可以发挥产业集群的规模效应和聚集效应，进一步吸引后续产业的引进，打造更多的产业集群。这样，区内企业不仅享受了自贸区经济所带来的各种优惠政策和各种公共基础资源，达到降低生产和交易成本的目的，而且还通过企业间的竞争合作、产业集聚等提高了企业的专业水平和协作能力，增强了区内产业的竞争力。

2．产业结构加速优化

服务业方面。根据"制造业-服务业协同发展"原理，郑州作为中原经济区的中心可以降低交易成本，其现代服务业发展水平越高，中原城市群尤其中原经济区内各城市的现代制造业就越发达。自贸区相对开放的服务业可以惠及区外的企业。自贸区内服务业的创新改革措施也可以被区外企业效仿。服务业产业价值的吸引力导致自贸区内相关联资源的大规模聚集，成为自贸区内创新产业机制的新模式。有不少跨国公司为充分利用自贸区优越的服务业体系和政策优惠，考虑把公司的办事部迁移到自贸区。

投资方面。自贸区所在的郑州航空港区是国家首批跨境电子商务试验区，为跨境电子商务的投资提供了方便。在自贸区发展投资、融资，可以利用自贸区优惠政策，解决融资成本过高的问题，自贸区的金融创新改革更利于外资进行风险投资和股权投资，这应该会为区位优势明显，但金融服务业发展相对滞后的中原经济区实体经济提供新的融资渠道，有利于企业降低融资成本。此外，自贸区的金融创新对于资金力量相对薄弱的中小型创新型企业来说显得尤为重要，可通过金融创新提高中小型创新型企业的资本活力，更有利于自主创新，促进产业升级，因此自贸区的建立会间接地影响中部地区经济体的产业升级。

河南自贸区内第三产业中现代化服务业的比重将不断提高。随着贸易业、物流业、金融保险业、房地产业、信息业等产业的发展，河南自贸区内三大产业的格局将会发生巨大变化。其中以金融创新作为核心的服务业，可以为其他产业的发展提供资本融通渠道、加快资金流动，与自贸区其他行业相比，金融服务业的发展将尤为迅速。一方面，在自贸区各项优惠政策和完善的机制的刺激下，其他业务会得到快速发展，这将为金融服务业提供广泛的业务需求运作的平台，会吸引众多国际金融机构入驻投资，形成我国重要的以自贸区为载体的金融服务中心。另一方面，这个金融服务中心又会在不断发展壮大中为自贸区企业提供更加完善的金融服务，实现区内企业的经营国际化。其次，河南自贸区设立后，国家和政府将给予极大的优惠政策，营造良好的国际商务环境，吸引高新技术企业，特别是一些跨国公司产品研究开发部门落户河南，提高河南自贸区在高科技产业全球布局中的地位和整体吸引力。而且众所周知，全球高科技企业不仅有先进的产品开发技术，而且管理理念和经营理念较其他企业更加先进，随着高科技企业的进驻，这些技术和理念在跨国企业与河南自贸区内当地企业的接触与业务往来中会逐步被档期企业消化吸收，对当地的企业产生长远的影响。再次，随着自贸区经济发展环境不断优化，会有更多高附加值的行业在区内逐渐发展，也会有更多企业愿意将附加值高的业务板块和高端项目转移至自贸区，有助于自贸区建成先进制造业和高端服务业引领的现代产业结构体系。最后，自贸区内企业数量会不断增加，竞争也会日益激烈，特别是竞争力强的跨国公司依靠其先进技术和海外市场占有率，一定会对本土企业经营带来巨大压力，但是在竞争效应的作用下，本土企业为了获得生存空间、保住自己的市场份额，必定会不断改进技术，提升产品质量，更新经营理念，如此进入竞争的良性循环，必将带动产业链全面创新，从而促进自贸区产业结构升级。

3．对周边城市的辐射效应

（1）带来制度创新的示范效应

与上海自贸区一样，河南自贸区的建立是全国新一轮改革的先行先试者，在自身区域经济得到发展的同时，也给其他区域的发展带来经验，它不是某一个或几个城市的政策红利，也不会仅限于完成自身区域经济的繁荣。它是通过诸如自贸区金融、税收、贸易、投资、监管等一系列制度变革，一直到完成政府职能转变，来实现为中西部内陆地区改革带来新的经验和示范，为中西部地区对外开放打开新的局面。因此，河南自贸区建设中形成的全方位、多类型的制度创新成果，可供周边城市充分借鉴和吸收，以更好地推动经济转型和升级的溢出效应，并将这种效应主要体现在改革政策的溢出上。

（2）进一步推动外向型经济升级

虽然近年来河南自贸区周边城市的外向型经济发展一直受到政府部门的鼓励和重视，但是经过一段时间的高速发展后，开始进入瓶颈阶段，亟须新的动力推动。而河南自贸区的建立，相当于将潜力巨大的国际市场直接搬到河南自贸区，这大大降低了周边企业打入国际市场的成本，缩短了和国际市场的距离，而且可以在自贸区内方便地获取国际资本、具有国际化素质的人才以及与跨国企业进行业务往来的机会，推动本地区更高层次的外向型经济发展，减少国际贸易交易环节，从而降低了交易成本，推动本地区的进出口贸易的进一步发展。

（3）国际国内产业转移与承接

从自贸区资源的角度来看，随着河南自贸区的建设到繁荣，必将加剧河南区域范围内，特别是自贸区区内的要素稀缺度，各种要素如土地、劳动力、交通等有形要素的成本会随着竞争加剧而大幅度上升，这将极大地影响一些要素依赖型企业的发展，未来在河南自贸区有可能将会有新一波要素依赖型产业自内向外的梯度转移。拿上海自贸区来讲，虽然上海与临近城市无锡相距仅为100多公里，从地理位置上看，可以属于同一个区域经济地区，但人力资源成本和土地成本之间相差却比较大。2012年，上海最低工资标准是每月1450元，职工平均工资为每月4692元，从金额上分别比无锡的最低工资和职工平均工资同期高了10%和7%，当年度无锡的最低工资标准是每月1320元，职工平均工资为每月4293元，但是从土地价格上来看，2012年，上海出让土地的均价为每平方米10915元，比同期无锡的土地价格每平方米3991元高出6924元，从比率上来看，上海的土地出让均价比无锡高出175%，由此可见，上海自贸区的商务成本比周边城市高出很多，因此从成本方面考虑，上海原有的传统制造业开始向周边城市转移，在此效应下，自贸区周边城市和地区应积极做好产业转移与承接准备和相关工作。从上海自贸区的实例可以看出，河南自贸区建成后，周边城市也应做好相应的准备，一方面享受来自自贸区的政策红利和经济红利，另一方面也应提前应对自贸区经济发展对周边地区经济的冲击。

2.2.6 对国际经济合作和转型发展的影响

在河南省建立自贸区不仅可以充分利用国际市场、国际资源，弥补河南省人均资源相对不足、市场狭小的问题，充分发挥河南省人力资源丰富、生产要素相对低廉的比较优势，而且可以通过引进高水平的外资企业，学习和借鉴其先进的管理经验、先进技术，并利用外资的营销网络和国际市场经验推动省内企业实施"走出去"战略。

1.河南亟待借助自贸区实现对外贸易转型

（1）河南对外开放水平相对较低

河南对外贸易和外资虽然增长迅速，但与全国水平相比还有很大差距，目前对外开放度只有不足6%，只有全国平均水平的1/6左右。所以必须增加河南对外开放程度，大力推行"引进来""走出去"政策，大幅度提高对外贸易水平和扩大引进外资规模。建立河南自贸区，一方面可以促进河南省内企业发展贸易经济，另一方面可以吸引国内外企业来到河南，达到扩大河南省在中国，乃至世界范围内的知名度。

（2）河南省对外出口效益不高

河南出口骨干企业多集中于高能耗、高污染的资源型行业和领域，出口效益不高。部分以出口高科技产品为主的企业，例如富士康，实质上其出口的也是附加值较低的劳动密集型产品。以出口美国的苹果手机为例，其出口价值在2009年为20.2亿美元，而"中国制造"只完成了组装加工环节，只有2%的利润。组装环节在一部苹果手机的批发价格179美元中占据3.6%的比例，约6.5美元。所以要提高对外开放效益，对外要是引资带动战略，在取消外资外贸超国民待遇基础上，提高引资质量，调整贸易进出口结构；对内要改变进出口企业小、散、乱的格局，通过政策引导和市场手段，推动企业兼并与重组，大幅度调高行业集中度和话语权，努力提高一般贸易、民族产品和高新技术产品贸易比重，优化贸易结构，提高贸易效益。

（3）企业竞争力不强

一直以来，河南作为我国内陆地区重要省份，虽然近年来出口贸易增长水平呈加速态势，但是还是仅占全国比重的5%左右，总体出口业务与我国东部沿海地区相比实力较弱，对外开放水平不高，进程不快，造成这种局面的主要原因是河南省内企业总体竞争力弱、贸易出口渠道不畅。另外，从本章前文分析可见，河南与沿海地区在贸易商品、方式和企业的性质结构方面的最大差距在于：依赖劳动力、当地资源优势的资源型产品比重比技术密集型产品比重高，一般贸易比重相对于加工贸易、服务贸易比重高，截至目前，河南自贸区内内资企业数量远大于外资企业数量。河南处于优势地位的产业主要是依赖本地资源的初级产品的生产而非加工制造业，这远没有发挥出河南作为中部省区的最大优势——丰富的劳动力资源。主要原因就在于与河南当地相比，地理位置优越、市场环境良好、政策优惠较多的东部沿海已经形成的企业竞争优势，以及对外开放的先导优势，给内地劳动力带来巨大市场，而且相对较高的收益也对内地劳动力资源形成"虹吸"现象，使得内陆地区的劳动力资源源源不断地向沿海转移，从而限制了内地生产要素和人力资本要素优势的发挥。在这样的形势下，河南地区中小内资企业和规模不大的外资企业都很难在这样的不利环境中完成出口资源的配置，也就无法发挥出地区劳动力资源的比较优势。因此，建立河南自贸区，提高对外开放水平，根本之道还在于提高企业的竞争力和形成产业规模优势。

2.河南自贸区探索内陆地区国际经济合作新模式

河南自贸区的建立围绕国家战略实施，发挥独特优势，以郑州航空港、中原国际陆港、海关特殊监管区、国家级开发区等为载体，以促进流通国际化和投资贸易便利化为重点，以国际化多式联运体系、多元化贸易平台为支撑，着力深化改革开放，强化体制机制创新，借鉴推广上海等自贸区经验，着力打造具有国际水准的内外流通融合、投资贸易便利、监管高效便捷、法制环境规范的对外开放高端平台，发展成为"一带一路"倡议核心腹地，为内陆地区开展国际经济合作和转型发展探索新模式。

（1）管理体制创新

自贸区相对于一般的保税区更加注重行政体制改革，创新政府管理方式，减少行政审批事项，推进政府管理从注重事前审批转为种种事中、事后监管。可参照上海自贸区、广东自贸区等现有自贸区的管理体制，结合河南自身情况，例如身处内陆、食品加工业发展较好等特点，在自贸区内实施一定程度的金融创新，借鉴并因地制宜地使用负面清单制度，在自贸区内实施投资管理体制改革，实施更为简化的工商注册登记制度，推进境外投资管理制度的改革，缩短各类工商行政申请的办理时间，逐步引入金融风险防范系统，纠纷争端协调解决机制、权益保护机制等内容，构建新型的行政管理体制，对内陆地区行政管理体制创新起到示范效应。

（2）自贸区形式创新

河南自贸区由三个片区构成，总面积119.77平方公里，三个片区功能各异，相辅相成，功能各有侧重，相互协调，达到河南自贸区的协调发展。其中，郑州片区73.17平方公里，包括郑州航空港区块、中原国际陆港区块、郑州经济技术开发区、郑东新区金融集聚核心功能区，侧重于探索以投资贸易便利化为主要内容的制度创新，打造国际物流中心和内陆开放高地；洛阳片区26.66平方公里，以国家洛阳经济技术开发区为主，侧重于探索事中事后监管服务模式创新；开封片区19.94平方公里，以国家开封经济技术开发区为主，侧重于探索以促进消费流通国际化为主要内容的制度创新。根据先行先试推进情况以及产业发展和辐射带动需要，逐步拓展实施范围和试点政策范围。

这种"一体两翼"的发展形式，非常适用于内陆型自贸区的建立。由于内陆型自贸区相对于沿海自贸区缺乏海上运输的优势，但是地处中原腹地的河南自贸区可凭借自身交通优势和城市群发展优势，找到不同片区的优势所在，郑州依托保税区航空港优势着重发展国际物流优势，洛阳和开封片区利用国家经济开发区的政策优势和已有的发展成果，对郑州主片区起到辅助和促进发展的作用。将自贸区划分成三个片区不仅将自贸区红利惠及三个城市，而且增大了自贸区红利在周边城市的辐射范围。

（3）中西部地区发展新模式

目前我国保税区众多，除了沿海地区的天津、深圳、福州、青岛等地的保税区外，还有内陆的郑州、重庆、西安、成都等保税区。建立河南自贸区，可以借助郑州航空港优势，促使郑州从单一的保税区向自贸区转型。目前保税区在海关监管、区域定位方面还有很多缺陷与不足，严重制约着它的进一步发展。建立河南自贸区，可以拓展内陆地区保税区的功能，进行创新管理，调整区域政策，尽快实现向国际规范的自贸区转型，深入参与新的国际分工和竞争，融入世界经济一体化。当然，对于从内陆保税区向自贸区转型，不是脱离原有功能，另外再重新搞一套，而是要在原有基础上，按照新情况、新需求进行调整、扩充和增加，丰富自贸区功能，更加适应和满足区域和企业发展的需要。

参考文献

陈倩冰.2014.新时期中国FTZ与FTA的发展研究[D].商务部国际贸易经济合作研究院,21-24.

陈泳怡，王龙，林衍钦.2017.自贸区背景下广东省物流人才需求及职业能力研究[J].物流工程与管理, 39(1):148-150.

成思危.2003.从保税区到自由贸易区：中国保税区的改革与发展[M].北京：经济科学出版社:126-133.

黄阵仙，席文，陈晓丹.2016.基于福建自贸区视角的涉外旅游人才培养研究[J].河北工程大学学报(社会科学版),1:114-116.

匡增杰.2017.上海自贸区建设背景下创新国际商务人才培养模式的思考[J].教学研究,40(1):87-91.

魏雪飞.2017.自贸区建设下地方高校复合型广告人才培养[J].福建工程学院学报,15(2):134-138.

肖亮.2015.郑州航空港经济综合试验区航空物流发展对策研究[J].信阳农林学院学报,25(1):50-51,54.

杨金玲.2010.我国利用自贸区政策发挥其福利效应之策[J].现代财经（天津财经大学学报）,30(9):27-34.

第3章

中国（河南）自由贸易试验区建设
的法律制度设计

　　《中共中央关于全面深化改革若干重大问题的解决》《中共中央关于全面推进依法治国若干重大问题的决定》为我国自贸区（FTZ）的法制建设指明了方向。申建河南自贸区是落实党的十八届三中全会"促进国际国内要素有序自由流动""资源高效配置""市场深度融合"的具体体现，是我国内陆地区推动"对内对外开放"相互促进、寻求"引进来"和"走出去"更好结合、落实"加快自由贸易区建设"战略的实践与创新。本章内容以党的十八届四中全会"全面依法治国"为引领，以为河南自贸区申建保驾护航和出谋划策为目的，力求从理论上和机制上不断深入探索和创新突破，对河南自贸区建设的法律制度进行具有前瞻性、现实性和系统性的研究与设计。

3.1　河南自贸区建设法律制度设计的理论基础

3.1.1　河南自贸区申建背景

1.经济全球化

　　世界进入以经济竞争为轴心的全球化时代。在经济全球化的潮流下，每个国家都受到一定程度的约束和限制，要缓解矛盾和分歧就必须加强沟通与协调，合作与发展代替了对抗与冲突成为各国关系的主流。"在世界经济中表现为以单个国家为一个规则统一体的格局被打破，资源、劳动力、贸易、资本等都被置于一个具有统一规则的世界市场里，世界贸易额迅速增长，资本流动速度加快。"为了共同应对经济全球化进程中所面临的机遇和挑战，在经济全球化的核心领域即贸易与投资领域接踵建立和完善了各种相关的多边机制，其中最具代表性的是国际法律多边主义的GATT/WTO框架。

2001年底，中国加入WTO，标志着中国往贸易自由化方向迈出了非常重要和关键的一步，意味着我国自贸区的运营体系和管理体制也必须与国际接轨，必须遵循国际惯例和国际通行的做法。加入世贸组织，必然要求中国政府积极修改与自贸区相关的法律法规，实现自贸区管理的规范化和法制化，并深化自贸区管理方式的改革。

2.区域经济合作

虽然经济全球化有利于各国经济的健康发展，但是经济全球化规模大并且涉及的各种利益关系错综复杂，受国际社会动荡冲突、民族国家自身利益、市场机制系统性风险、全球范围内配置资源成本以及其他一些不确定因素的影响，要在短时间内取得较大程度的进展必然会有很大难度。"由于存在着不合理的国际政治经济秩序和资源占有的不平等，全球化不可能一蹴而就，必须经过'区域主义'这个阶段的准备，'区域主义'是通往新自由主义全球化的一个驿站……可以被视为全球化的一个组成部分——全球化的一个章节。"

与经济全球化相比，区域经济合作在很大程度上依赖于具有经济联系的主权国家有意识地制度推动，国家之间的经济政策以及法律协调是区域经济合作的重要内容。由于区域经济合作涉及的成员国数量有限，彼此为自身和各区域建立优惠经贸安排寻求更大的经济发展空间，而且有着相似或类似的政治体制、社会制度、发展水平、历史、宗教或文化传统，相对经济全球化而言，区域经济合作整体提高效果更为明显，比较容易通过签署国际协议形成区域性经济合作组织及合作机制。

虽然经济全球化与区域经济合作存在着本质的区别，但在世界经济发展的进程中，经济全球化与区域经济合作仍然是矛盾但并行不悖的统一体。经济全球化与区域经济合作同时并存和相互促进是当今国际社会总体发展的显著特征。一方面，随着国家或地区间相互依存程度的日益加深，资源配置的国际化和市场配置的一体化即经济全球化的不断扩展和深化已经成为不可逆转的趋势。另一方面，作为对经济全球化的一种现实回应，与经济全球化相伴而行的是区域经济合作的不断创新和充分发展。经济全球化与区域经济合作是一种互相补充、彼此制约、互相促进的关系，两者相辅相成。

按照经济体之间贸易摩擦的程度、商品和服务自由化程度以及缔约方在政治、经济等方面的联系程度，区域经济合作由低级到高级形态可以分为：优惠贸易安排、自贸区、关税同盟、共同市场、经济同盟、完全经济一体化等。现今世界上的区域合作安排中，成员间建立自贸区是最主要的模式，约占据WTO货物贸易项下区域贸易协定的90%，自贸区已然成为区域经济合作的主要类型。2001年，中国-东盟自贸区正式形成。2003年，内地与香港特别行政区及澳门特别行政区分别签订了《关于建立更紧密经贸关系安排》的协议（Closer Economic Partnership Arrangement,CEPA）；从2005年起，中国参与区域经济一体化的步伐明显加快，相继与一系列国家签订自由贸易协定：2005年11月，中国与智利签订自由贸易协定；2006年11月，中国和巴基斯坦签署自由贸易协定，并于2007年7月正式实施；2008年4月，中国与新西兰签订自由贸易协定；2008年10月，中国与新加坡签署自由贸易协定；2008年11月，中国和秘鲁签订自由贸易协定；2011年8月1日，中国-哥斯达黎加自由贸易协定也正式生效。除此之外，中国与韩国自贸区、中日韩自贸区等贸易谈判也在紧张进行当中。自贸区涵盖的范围是缔约国全部关税领土，随之而来的关税壁垒的降低，国内市场的逐步开放等，都对原有的海关特殊监管区域的政策优势形成巨大挑战，也使得中国自贸区的发展除了面临政策、制度方面的接轨、调整外，还面临着如何适应新的经济发展形势的问题。

3. "一带一路"倡议

近年来，全球贸易开始了新一轮竞争，国际高标准贸易与投资新规则正在形成。为了实现其主导国际经济发展"新秩序"的目的，美欧等发达国家基于自身情况力推"立足于下一代"的经贸规则，包括劳工和环境保护、安全标准、技术贸易壁垒、竞争政策、知识产权、政府采购等。在东半球与太平洋沿岸国家建立TPP贸易同盟（跨太平洋伙伴关系协定，Trans-Pacific Partnership Agreement），在西半球团结欧盟建立TTIP贸易同盟（跨大西洋贸易与投资伙伴协定，Transatlantic Trade and Investment Partnership），同时在全球建立PSA服务贸易同盟（诸边或多边服务业协议,Plurilateral Services Agreement），力图形成新一代高标准、高规格的全球贸易和服务以及投资规则，国际贸易投资规则体系面临重塑。这一系列地区性贸易协定，使WTO规则和发展中国家日益边缘化；世界主要自贸区也正在发生一系列改变：从货物贸易为主，向贸易功能与投资功能并重转变，更加注重贸易自由化和投资便利化。对中国而言，这三个同盟都有着极高的准入标准，劳工标准、环保标准等新议题一旦形成国际规则，中国将会被排除在新的世界经济体系之外。中国如何避免被边缘化，如何更好地利用新一轮全球化带来的机遇，应对新的挑战，这是需要慎重谋划的事情。

在此背景下，2013年9月和10月，国家主席习近平提出建设"新丝绸之路经济带"和"21世纪海上丝绸之路"的战略构想。"一带一路"是"丝绸之路经济带"和"21世纪海上丝绸之路"的简称，"'一带一路'不是一个实体和机制，而是合作发展的理念和倡议，是依靠中国与有关国家既有的双多边机制，借助既有的、行之有效的区域合作平台，旨在借用古代'丝绸之路'的历史符号，高举和平发展的旗帜，主动地发展与沿线国家的经济合作伙伴关系，共同打造政治互信、经济融合、文化包容的利益共同体、命运共同体和责任共同体。"2015年4月，国家发改委、外交部和商务部联合发布了《推动共建丝绸之路经济带和21世纪海上丝绸之路的愿景与行动》，宣告"一带一路"进入了全面推进阶段，提出希望通过发展"五通"，即加强政策沟通、道路联通、贸易畅通、货币流通、民心相通，以带点面，从线到片，逐步形成从中国、中亚到西亚及欧洲的区域大合作。我国自贸区建设正是推动"一带一路"倡议的主要思路，即率先实现"五通"的重要手段，在战略定位上努力将中国打造成为全球化的主导者和推动者之一，使中国积极参与到新的自由贸易浪潮中，推动中国全球化模式的新突破，巩固并加强在国际经济贸易中的竞争实力。我国自贸区建设不仅提高了中国自身的经济发展水平，更提升了中国在全球化过程中的经济政治等国际地位，取得了主动与话语权，最重要的是提高了中国参与全球化经济贸易合作的收益度，由被分配者变成参与者和制定者。

4. 我国自贸区建设

上海自贸区是中国大陆境内第一个自贸区，于2013年9月29日正式挂牌开张。2014年12月28日第十二届全国人民代表大会常务委员会第十二次会议通过关于授权国务院在广东自贸区、天津自贸区、福建自贸区暂时调整有关法律规定的行政审批的决定。2015年3月24日召开的中共中央政治局会议上，广东以及天津、福建等第二批自贸区的方案获得通过。那时，我国共有上海、广东、天津、福建四个自贸区，已经形成了从南到北四大自贸区的改革开放新格局。

我国经济因受制于土地、资源、劳动力等要素成本上升，投资和出口占经济增长比重过大等因素而出现了发展减速的迹象，面临着陷入"中等收入陷阱"的危险。为此需要深化经济体制改革，充分发挥市场在资源配置中的决定性作用，实现包括汇率和利率在内的要素市场化，推动政府由审批型向服务型转变。中国自贸区的设立就是要通过试验负面清单管理和准入前国民待遇等新的制度、新的安排，通过大幅度减少行政审批和监管，试行利率自由化、汇率自由兑换等举措，以开放促进我国的进一步改革与发展。我国将自贸区建设提升到国家战略的高度，以实现贸易自由化和投资便利化、金融的国际化和行政审批精简化为目的，以小范围的全面对外开放促进更大范围的改革与发展，推动自贸区规则与国际惯例深度接轨，使中国真正与国际经济协调地发展，有利于全球跨国公司物联网、互联网的全球调拨，从而通过投资体制的突破来激发中国企业融合、创新、参与国际化能力的提高与普及。

5.河南自贸区的申建

河南自贸区的申建，是在我国改革开放新形势下，很大程度上顺应了经济全球化、区域经济合作、贸易自由化与投资便利化的新趋势，也是我国"一带一路"倡议下深化经济体制改革发展的要求。随着全国四大经济区域发展战略的形成，我国提出"西部提速，东北攻坚，东部保持，东西互动，拉动中部"的发展目标。在目前的四大经济区域中，牵一发而动全身的关键点在中部，中部位于地理核心位置，把河南打造成中部地区的自贸区，实现内陆的开放、中部的崛起，是历史赋予河南的责任，也是时代的重托和要求。

从国家层面来说，河南自贸区的申建是国家"一带一路"倡议实施的要求，是进一步扩大对外开放和提升开放层次的需要，也是我国东西部协同发展的要求。在中西部地区通过先行先试，形成有内陆特色的自贸区与国际经贸同行规则相互衔接的基本制度框架，为中西部其他地区对外扩大开放提供实证示范和参考依据，进而成为我国进一步融入经济全球化、参与国际经贸规则制定提供有力支撑。

从河南层面来说，近年来河南在经济、社会发展方面取得了长足发展，航空、公路、铁路高效衔接，形成陆空联运体系，实现客运"零距离换乘"和货运"无缝衔接"，建成全国重要客运中转换乘中心和全国重要的国际航空物流中心，河南跨境E贸易领先，具有人口产业复合及文化优势，布局建设自贸区的基础条件已经具备。同时，郑州航空港区等海关特殊监管区自成立以来，在海关特殊监管上取得了一定的成就，也促进了进出口贸易的增长。

随着"一带一路"版图的形成，"一带一路"两条线路推进过程中，中部的菱形经济圈的形成和发展离不开河南这一战略重地。在《推动共建丝绸之路经济带和21世纪海上丝绸之路的愿景与行动》中，对河南的定位明确，所提及的目标也一直是河南经济努力的方向。郑州航空港区的建设、国际陆港、郑欧班列、跨境E贸易等都在建设中；河南的工业体系升级完成，形成新兴工业大省，以郑州为中心，向东，产业集聚，商务中心和特色商业发展逐步成熟，向西，钢铁、水泥玻璃等传统工业在转型升级中稳步发展；随着与"一带一路"沿线国家深化合作，河南五千年华夏文化将成为"一带一路"沿线国家交流的坚实基础。这些都迫切要求在河南设立自贸区，充分发挥河南的区位、市场等综合优势，努力在推进"一带一路"建设中承担更大的使命、发挥更重要的作用。

3.1.2 河南自贸区的法律定位

1.法律界定

河南自贸区是《京都公约》中的自贸区与《中华人民共和国加入WTO议定书》中的

特殊经济区，《京都公约》与《中华人民共和国加入WTO议定书》对此进行了明确的法律界定。国际海关合作理事会（世界海关组织WCO的前身）于1973年5月形成了第一个涉及自贸区的国际规范，即《关于简化和协调海关业务制度的国际公约》（简称《京都公约》），并对其定义为：自由贸易区是指一国的部分领土，在这部分领土内运往的任何货物就进口税及其他各税而言，被视为在关境之外，免于实施惯常的海关监管制度。《中华人民共和国加入WTO议定书》总则第2条A款条1项规定："《WTO协定》和本议定书的规定应适用于中国的全部关税领土，包括边境贸易地区、民族自治地方、经济特区、沿海开放城市、经济技术开发区以及其他在关税、国内税和法规方面已建立特殊制度的地区（统称为'特殊经济区'）。"

2.法律特征

围绕国际上统称的自由贸易区是真正意义上的"境内关外"区域，河南自贸区应具有以下法律特征：

（1）贸易自由化

贸易自由化体现为"一线"完全放开，简化贸易手续，没有贸易管制，凡符合国际惯例的贸易行为均畅通无阻，没有国界限制，不存在关税和非关税壁垒，拓宽免税商品和免税额度取消配额限制，允许无配额的企业在区内储存货物以根据情况调整进出口策略。赋予区内公司拥有进出口经营权，可以无限制地在自由贸易区与非自由贸易区之间从事贸易活动，允许区内企业在区外设立非经营性的分支机构。一方面促进区域内商品贸易与服务的自由化，另一方面促进区域内与区域外国家之间的贸易发展，建立保税区，在区域内的进出口加工、国际贸易、保税仓储、商品展示等享有'免征、免税、保税'政策，实行'境内关外'的运作方式。

（2）投资便利化

企业投资需要良好的投资环境，自由贸易区应该完善投资服务体系，增强投资者信心。改革企业登记制度，逐步优化登记流程，放宽企业经营范围，完善企业奖励机制。在总结试点经验的基础上，逐步放宽投资领域，形成与国际接轨的外商投资管理制度，使投资者可以不受行业限制，自由投资、自主经营。一方面促使区域内融资渠道的畅通和资金的整合与配置；另一方面，凭借其特殊地位和优惠政策，吸引区域外的资金进入，并为区外投资者进入区内提供各种便利。

（3）金融自由化

在风险可控前提下，区内各国货币自由兑换，资金进出、转移自由，资金经营自由。可在区内为人民币资本项目可兑换、金融市场利率市场化、人民币跨境使用等方面创造条件；探索面向国际的外汇管理改革试点，建立与河南自贸区相适应的外汇管理体制；允许在区内设立外资银行和中外合资银行，允许境外企业参与商品期货交易；允许股权托管交易机构在区内建立综合金融服务平台；允许开展人民币跨境再保险业务，培育发展保险市场。

3.法律本质

中国的对外开放，严格来说有两种形式，虽然中文简称都叫自由贸易区，一种形式叫作协议开放，英文简称FTA，《关贸总协定》（GATT1947）第二十四条第八款对FTA的定义是："自由贸易区应理解为两个或两个以上的关税领土所组成的，对这些组成领土的产品的贸易已实质上取消关税或其他贸易限制的集团。"另一种形式式叫作自主开放，自主开放下的自由贸易区叫Free Trade Zone，简称FTZ，《京都公约》与《中华人民共和国加入WTO议定书》对FTZ都进行了定义。

FTZ与FTA的共同点是：两者都是为降低国际贸易成本，促进对外贸易和国际商务的发展而设立。FTZ与FTA的区别：首先，从设立的法律依据来说，FTZ的设立法律依据是国内法，FTA的设立法律依据是双边或多边协议；其次，从设立主体来说，FTZ的设立主体是单个主权国家（或地区），FTA的设立主体是多个主权国家（或单独关税区）；再次，从区域范围上来说，FTZ的区域范围是一个关税区内的小范围，FTA的区域范围是两个或多个关税地区；最后，从核心政策来说，FTA的核心政策是海关保税、免税政策为主，辅以其他税费优惠等投资政策。

由于FTZ和FTA在功能上都存在着促进贸易等共同之处，并且Free Trade Zone在字面上也可翻译成自由贸易区，这导致人们容易将二者的概念混淆。因此，为避免误解，便利工作，就FTZ翻译问题，2008年5月，我国商务部和海关总署专门就自由贸易区表述问题发函，建议将FTZ译为"自由贸易园区"，将FTA统一译为"自由贸易区"。河南自贸区的本质是FTZ，即国家内部自由贸易区，是国家选取国内有良好交通条件的地区，在该地区实施高度开放的特殊经济政策，大力发展国际贸易、转口贸易、仓储加工等达到带动相近区域经济发展的目的特殊经济区。

3.1.3 河南自贸区的法律渊源

1.国际法渊源

国际法院《规约》第三十八条第一款对国际法形式渊源有明确规定："法院对于陈述的各项争端，应以国际法裁判之，裁判时应适用：（子）不论普遍或特别国际协约，确立诉讼当事国明白承认之规条者。（丑）国际习惯作为通例之证明而被接受为法律者。（寅）一般法律原则为文明各国所承认者。（卯）在第五十九条规定之下，司法判例及各国权威最高之公法学家学说，作为确定法律原则之补助资料者。"据此，河南自贸区应当包括以下几种国际法形式渊源：第一，国际条约。国际条约包括：中国政府签署的与自由贸易区（FTZ）相关的双边条约、国际公约。第二，国际习惯。国际习惯的来源包括：国家间的各种文书和外交实践；国际组织和机构的各种文件；国家的国内立法、司法行政实践和有关文件。第三，一般法律原则。一般法律原则是指各国法律体系所共有的、约束所有国家、起补缺作用的非成文的法律原理和准则。对于河南自贸区来说，一般法律原则主要是指联合国、世界贸易组织所确立的基本国际法原则。

随着河南自贸区的发展，还将会出现具有法律效力的司法判例、国际权威学者的学说以及国际组织的决议等非法律渊源，这些非法律渊源虽然不是河南自贸区的国际法渊源，但却是确立河南自贸区法律制度的辅助资料，因此在今后的法律实践中，也不能忽视对这些非法律渊源的收集、整合、研究及运用。

2.国内法渊源

（1）法律

《中华人民共和国立法法》（以下简称《立法法》）第七条规定："全国人民代表大会和全国人民代表大会常务委员会行使国家立法权。全国人民代表大会制定和修改刑事、民事、国家机构的和其他的基本法律。全国人民代表大会常务委员会制定和修改除应当由全国人民代表大会制定的法律以外的其他法律……"全国人大常委会于2013年8月30日颁布了《授权决定》，其中规定对国家规定实施准入特别管理措施之外的外商投资，暂时调整《外资企业法》、《中外合资经营企业法》和《中外合作经营企业法》规定的有关行政审批。上述行政审批的调整在3年内试行，对实践证明可行的，应当修改改完善有关法律；对实践证明不宜调整的，恢复施行有关法律规定。

（2）行政法规

《立法法》第五十六条规定："国务院根据宪法和法律，制定行政法规。"《国务院关于在中国（上海）自贸区内暂时调整有关行政法规和国务院文件规定的行政审批或者准入特别管理措施的决定》明确提出，改革外商投资管理模式，对国家规定实施准入特别管理措施之外的外商投资，暂时调整《外商企业实施细则》《中外合资经营企业法实施条例》《中外合作经营企业法实施细则》《指导外商投资方向规定》《外国企业或者个人在合营各方出资的若干规定》《<中外合资经营企业合营各方出资的若干规定>的补充规定》《国务院关于投资体制改革的决定》《国务院关于进一步做好利用外资工作的若干意见》规定的有关行政审批。《国务院关于在中国（上海）自贸区内暂时调整有关行政法规和国务院文件规定的行政审批或者准入特别管理措施的决定》还指出，暂时调整《船舶登记条例》《国际海运条例》《征信业管理条例》《营业性演出管理条例》《娱乐场所管理条例》《中外合作办学条例》《外商投资电信企业管理规定》等规定的有关行政审批以及有关资质要求、股比限制、经营范围限制等准入特别管理措施。

（3）地方性法规

《立法法》第六十三条规定："省、自治区、直辖市的人民代表大会及其常务委员会根据本行政区域的具体情况和实际需要，在不同宪法、法律、行政法规相抵触的前提下，可以制定地方性法规。"由此，凡法律、行政法规在河南自贸区调整实施有关内容的，可由河南地方性法规作相应调整实施；其他有关地方性法规中的规定，与河南自贸区调整实施内容不一致的，可调整实施。

（4）规章

在河南自贸区可参照的规章方面，分为部门规章与地方政府规章。部门规章是指国务院各部、各委员会根据法律和国务院行政法规、决定、命令，在本部门权限内，按照规定程序制定的规定、办法、实施细则、规则等规范性文件的总称。对于河南自贸区来说，申建成功后，国务院的《中国（河南）自贸区总体方案》将以国办文件下发，严格意义上来讲，其效力位阶是部门规章。地方规章，是指省、自治区、直辖市以及省、自治区的人民政府所在地的市，经济特区所在地的市和经国务院批准的较大的市的人民政府根据法律和行政法规、地方性法规所制定的普遍适用于本地区行政管理工作的规定、办法、实施细则、规则等规范性文件的总称。河南自贸区申建成功后，一系列支持河南自贸区条例、管理办法，以及各片区、各委办制定的细则，均属地方规章。

（5）其他规范性文件

其他规范性文件，一般是指一切国家机关制定的除法律、法规、规章之外的具有普遍约束力的决定、命令和措施。河南自贸区申建成功后，河南省及各片区市政府出台的大量政策性文件属于其他规范性文件。

3.法律规范的效力位阶

根据"条约必须信守"这一古老原则，国际法律规范所规定的原则、规则与制度是河南自贸区必须遵守的，从各个方面极大地丰富了河南自贸区法律制度的内涵，其中国际条约通常仅对缔约国有约束力，国际习惯与一般法律原则对各国均有约束力。国内法方面，河南自贸区内的法律规范的效力位阶顺序依次为：法律、行政法规、地方性法规、规章，但是以法律、行政法规、地方性法规为依据，以规章为参照。

3.1.4 河南自贸区法律制度设计的指导思想和基本原则

1.指导思想——树立法治协同发展理念

按照《现代汉语词典》的解释，"协"有"调和、和谐、共同、协助"

之意。"协同"是指"各方互相配合或甲方协助乙方做某件事。"协同学理论（synergetics）的创始人是德国学者赫尔曼·哈肯（Herman Haken）。协同学即"协同合作之学"，研究的是一个系统从无序到有序转变的规律和特征，"是一门关于协作的科学，是关于多组分系统如何通过子系统的协同行动导致结构有序深化的一门自组织理论。"自组织理论中的"系统"具有普遍性、开放性和自发性，"系统"自身具有使系统从不平衡到平衡，从无序到有序能力。"子系统"之间的合作形成被哈肯称为"无形之手"的"序参号"，在"序参号"的作用和支配下形成一定的自组织结构和功能，控制"序参号"的改变是"系统自组织"形成的重要途径。由此，哈肯提出"在一定条件下，由于构成系统的大量子系统之间相互协同的作用，在临界点上质变，使系统从无规则混乱状态形成一个新的宏观有序的状态。"按照哈肯的协同学理论，自组织过程是不受外界干扰的，"协同反映了系统演化发展之中的确定性、目的性因素"，各个部分或子系统会自发地协调一致，共同合作，实现优势互补、利益共享，集体行动会形成新的有序结构。协同学理论还认为在协调配合的情况下，结果的整体性大于部分，能产生1+1＞2的协同效应，反之，则会出现内耗增加，混乱无序。作为系统科学的一个分支学科，协同学理论既适用于自然科学也适用于社会科学，并且近年来越来越多地被应用于社会科学研究。

从宏观上来说，"考虑制度因素对国家之间互动产生的影响"，为了防止受利益驱动的贸易保护主义，很有必要运用协同学理论，形成一定的规则和运作机制，体现在法律规范层面上予以整体约束。如何协同河南自贸区与中国与他国共建自贸区（FTA）、河南自贸区与我国其他自贸区（FTZ）以及河南自贸区各片区之间的关系，确保河南自贸区健康持续发展，自然离不开立法协同的作用。从微观上来说，河南自贸区的核心目标是实现贸易自由化与投资便利化，客观上要求降低成本，提高商品、资本和人员的流动效率，改善河南自贸区的贸易和投资环境。河南自贸区的法律调整涉及到贸易、投资、税收、海关、边检等诸多领域，涉及到一系列的原则、制度，内容繁杂难免混乱无序，协同学理论研究的正是如何使一个系统从无序到有序、从不平衡到平衡，用创新的方式、发展和改革的方法，长期地循序渐进地自我完善和发展。通过立法协同使河南自贸区的贸易与投资便利化，使诸多领域的法律规范从不规则、无序的联系逐步发展为有规则、内容丰富的联系，相互协调配合，有效实现法律的指引、评价、教育、惩戒功能，消减贸易与投资壁垒，促使河南自贸区建设的顺利推进。

针对我国现阶段自贸区立法中存在不一致或不协调的现状，根据协同学理论，河南自贸区法制建设应注意以下问题：首先，应当充分认识到河南自贸区立法面临的国际性，尽量与国际立法相协调，如果过分强调河南自贸区立法的特殊国情和国家权力性则会阻碍其长远发展。同时，河南自贸区立法也应平衡协调好市场主体经济自由和政府宏观调控之间的利益关系，使得市场经营主体获得不低于世界其他贸易区域的保护水平。其次，河南自贸区的法律制度要与现行国内法律相互协调，应平衡协调好立法过程中的各种利益关系，如省政府与各片区所在地市政府的管理权限冲突，尤其要平衡协调好政府规制与市场经济自由的冲突关系。再次，河南自贸区法律制度应突出重点。从全局出发合理安排各个制度的先后顺序，同时要注意各个制度之间的纵向、横向关系以及内部结构的协调一致，在保持数量和内容平衡、协调比例关系的基础上稳步推进立法。最后，河南自贸区的法制建设对内应当充分考虑河南自贸区各片区的差异和承载能力，随着河南自贸各片区的发展而协同发展，对外应当在纷繁复杂的外部环境中注重创新，在求同存异的基础上协同发展。

2.基本原则

（1）遵守非歧视原则和透明度原则

WTO的非歧视原则[1]是贯穿WTO规则的指导思想，具体表现为"一般最惠国待遇"[2]及"国民待遇"[3]。我国是WTO的成员，对于WTO的非歧视原则理应有义务予以遵守。据此，河南自贸区的立法应切实保障市场主体的平等地位，从而使法律具有更强的社会可接受性。横向上保障区内、区外市场主体在区内的平等地位，纵向上保障政府机关及其设立或委托的机关单位、公司在区内参与市场经济活动并与其他市场主体具有同等的市场地位。不能因为各市场主体之间的资本性质、组织结构、市场地位等因素而有针对性地设置进入门槛或退出屏障。既不能给予某些市场主体特殊的、额外的优惠，也不能使某些主体随非公正的限制或歧视。市场主体在河南自贸区内的竞争过程中所适用的行为标准和法律规定应是统一的。

（2）坚持法律与政策的统一正确实施原则

河南自贸区改革所涉及的投资、贸易、金融、监管等领域，有很多改革设想还未成熟到可以由法律规范来调整规范的阶段，需要在实践中不断摸索、尝试，所以难以通过法律的形式来为先行先试提供标准，更多的是结合具体情况通过制定相关政策来规范和指导现实的改革创新。政策具有强烈的目标指向性和任意性，法律具有局限性与阶段性，相关法律的修改必然有一个滞后的过程。在改革性、政策性文件上升为法律规范前的"立法真空期"内，必须确保法律与政策的统一正确实施。

正确认识和理解各项政策，是确保法律与政策统一适用的前提。在此前提下，以

---

1 《关贸总协定（GATT）1994》、《服务贸易总协定（GATS）》以及《与贸易有关的知识产权协定（TRIPS）》均对非歧视原则做出了明确的规定。
2 WTO最惠国待遇原则主要体现在：GATT1994第一条、GATS第二条以及TRIPS第四条。
3 WTO国民待遇原则的规定主要体现于：GATT1994第三条、GATS第十七条以及TRIPS第三条。

法治思维确保区内法律与政策的统一适用，包括用政策调和法律阶段性（法律制度）与改革前瞻性（法律实践）的紧张关系；通过法律和政策的正确适用实现深化改革与依法办事间的"正和博弈"；正确处理法律与政策的适用边界等。以法治形式确保法律区内法律与政策的正确适用，包括发挥政策在法律解释和填补法律空白方面的功能，明确规范性文件的适用方法等。

（3）遵循经济效率原则

"经济分析法学（Jurisprudence of Economic Analysis）认为法的宗旨是以价值得以极大化的方式分配和使用资源，或者说财富效益的极大化，所以法律规范都是以有效地利用自然资源、最大限度地增加社会财富，实现经济效益。"经济分析法学的重要理论基础是新制度经济学。"新制度经济学是以交易费用或交易成本为核心分析和论证制度的性质、制度存在的必要性以及合理制度的标志的经济学派。"新制度经济学通过考察和分析产权关系，"来合理地界定、变更和调整产权结构，以降低或消除经济运行中的交易费用，提高经济运行效率，改善资源配置。在一定意义上，可以说经济分析法学与新制度经济学是同一硬币的两面。"以新制度经济学的创始人罗纳德·哈里·科斯（Ronald Harry Coase）发表的论文《社会成本问题》为标志，经济分析法学派于20世纪60年代在美国开始兴起。在经济分析法学派中，"交易成本"是一个非常重要的概念，科斯最大的贡献就在于首先在《企业的性质》一文中提出了"交易成本"的概念，指出交易成本"至少包括以下三个项目，即发现相对价格的工作、谈判和签约的费用、其他方面的不利因素。"继而在《社会成本问题》一文中，科斯又提出了著名的"科斯定理"。根据科斯第一定理在零交易成本的条件下，法律规定是无关紧要的；根据科斯第二定理在交易成本过高以至于交易将得不偿失的情况下，人们就会从资源配置最大化的立场出发，选择合适的法律规范。随着新制度经济学的成熟，20世纪80年代经济分析法学派开始蓬勃发展，理查德·艾伦·波斯纳（Richard Allen Posner）及其代表作《法律的经济分析》被视为经济分析法学派的集大成者。波斯纳的经济分析法学以理性经济人和经济效率观为出发点，提出了经济推理的三条基本原则，即需求法则、最大效用法则和资源流转定律，并完整地描述了科斯定理在现实生活中设置法律规范时的运用。

"法律的经济分析的宗旨就在于将经济理论运用于对法律规范的理解和改善。"一方面，河南自贸区建设从本质上来说是一种经济现象，因此河南自贸区的法制建设毫无疑问是法律与经济的有机结合，交融并行。"经济分析法学强调效率价值，要求法律应有利于社会资源的配置和社会财富的增值，"通过引入定量分析，运用法学与经济两个学科的研究思路，可以为河南自贸区立法的研究提供新的领域和新的思维模式。另一方面，河南自贸区立法的真正价值在于达到社会资源的最佳配置，实现社会财富的增值以促进河南自贸区的整体发展。因此，运用经济学的思路进行定性分析，可以更加深刻地揭示出河南自贸区法制建设的本质需求。

（4）确立法无禁止即合法原则

负面清单管理模式突出体现了法无禁止即合法原则，仅仅规定自贸区（FTZ）内的企业不能从事什么的负面清单管理模式，负面清单之外的投资领域按内外资一致的原则，对外商投资项目由事前的核准制改为事后的备案制，均体现了法无禁止即合法原则。仅仅规定区内企业不能从事什么，与过去限定企业只能从事什么的管理模式相比，无疑会让河南自贸区内的企业有更广阔的发展空间，法无禁止即合法原则的确立，可以保障自由竞争、自由交易以提高效率来促进市场主体的利益。

在企业与政府谁是自贸区主角方面，著名社会法学家哈耶克认为企业才是市场的主角，应逐渐淡化行政层级，强化市场的商业特征。因此，河南自贸区的立法中应少一些强制性规范，多一些任意性规范，尊重市场主体，尤其是企业的意思自治，充分发挥市场配置资源的决定性作用，除"国家规定实施准入特别管理措施之外"，任何市场主体都有权基于自己的自由意志选择在相关法律法规的指引下，自由地进入或退出河南自贸区的市场，"法无禁止即可为"，保障自由竞争、自由交易以提高效率来促进市场主体的利益。

同时需要注意的是，过度的经济自由是异化的自由，会损害经济效益、经济公平和经济秩序，需要国家对经济自由进行适度的管制。特别强硬的法律管制会对私有市场产生太小的规范效应，当立法机关颁布的管理措施过于严厉时，会致使管理者将根本不发布法规，或者拒绝实施立法机关分布的任何法规。因此，政府对河南自贸区内市场主体的干预应是有效的、适当的，每一项制度设计都应有利于更好地调整市场主体的市场行为，减少交易成本，激励市场主体进行自我调整。

3.2 国内外自贸区法律制度案例分析

自从德国汉堡自由港设立以来，自贸区（FTZ）迅速发展，现已成为各国、各地区发展自由贸易，推行其自由贸易政策的重要工具。在WTO体制下，自贸区（FTZ）由于其设立宗旨和《关税与贸易总协定》宗旨具有一致性，得到了更大的发展空间。

3.2.1 美国《对外贸易法案》及启示

1.美国对外贸易区的立法进程

1934年5月29日，美国国会制定了《对外贸易区法》，与《对外贸易区法》相配套的还有《对外贸易区条例》和及上述法律法规的后续修订案。迄今为止，美国的《对外贸易区法》已前后修订了10次，不断拓展对外贸易区的功能和改进自贸区的管理体系。其中主要的几次修订是：1950年，美国国会对《对外贸易区法》做出修订，开始允许在区内进行加工制造活动；1991年，美国对外贸易区委员会颁布新的管理条例，对外贸易区可以依法对运到区内的货物进行储存、出售、展览、拆散、组装和重新包装等处理，最终产品可以出口，也可以销往国内市场；1999年，美国国会修订《对外贸易区法》，允许为特定企业专门建立对外贸易区分区；2012年，美国对外贸易区委员会修订管理条例，简化对外贸易区的申请程序，加强法律的执行和遵守。

2.美国对外贸易区的法律界定

在美国，自贸区（FTZ）被称为对外贸易区，《美国对外贸易区委员会通用条例》对此定义是："它是一个隔离的、封闭的、被管辖的作为公共设施而运作的区域。在进口港（即报关海港）及其邻近地区，配有装卸、处理、存贮、使用、制造、商品展示等设施以及拥有海、陆、空的转运能力。任何国外和国内的商品都可以进区，不受美国海关法的约束，而法律禁止的商品或有害于公共利益、健康或安全而被委员会明令禁止的商品除外。而允许进区的商品可以任何方式存贮、展示、制造、混合或使用，除了法令和其他法律及条例所规定的以外。商品可以最初的包装或其他形式进行出口、破坏或从区内发送到关境内。如果运往关境内，应缴纳关税，但是，如果再运到国外的某些地点，就不必缴纳关税。"

3.美国对外贸易区的功能定位

根据1934年《美国对外贸易区法》，美国自由贸易区的功能主要为进出口贸易、转口贸易和仓储。1950年，国会修订了1934年的法案，容许在自由贸易区内进行加工制造活动。1980年4月12日，美国海关当局作了一个裁定，允许用美国的零部件和外国原材料装配成品，其增值部分免于征税，进一步鼓励在自由贸易区内进行加工制造业务。之后，根据对外贸易新的发展，美国自由贸易区的功能又有所增加，目前其主要功能有：进出口贸易、保税仓储和简单商业性加工、商品展销、混合加工和制造及转口贸易等。

4.美国对外贸易区的管理体制

美国对外贸易区管理体制是政府授权的企业主导型管理体制的代表。在这一管理体制下，第一级主要是体现政府监管职能，第二级体现的则是市场监管职能。

在美国对外贸易区的第一级管理体系中，主管部门为对外贸易区委员会。对外贸区委员会是联邦政府领导的直接管理全国所有对外贸易区的最高机构，权威性非常强，负责管理和协调自由贸易区的整体事务，投资建设必要的基础设施，有权审批项目立项。此外，对外贸易区委员会还需与美国邮政局、卫生局、移民与规划局以及贸易区所在地的州、市的警察、卫生等部门合作以开展对贸易区的管理。海关与边防局是美国对外贸易区的执法机构，负责对货物进出对外贸易区进行监管，征收关税，并保证海关手续符合法律法规的规定。

在美国对外贸易区第二级管理体系中，以被授权人和运营人为主体。被授权人是被授予对外贸易区设立、经营和管理权的公共公司或私人公司。公共或私人公司依据对外贸易区委员会的授权，执行部分政府管理职能，按照公共事业原则对对外贸易区和使用者进行管理运营。公司、合伙和个人（使用人）通过与被授权人达成协议，得以利用对外贸易区从事进出口、储存、加工货物。

5. 美国对外贸易区的优惠制度

美国对外贸易区在关税方面的优惠有：①关税延迟。关税（包括联邦消费税）只有在货物从对外贸易区运入美国关税领土（或者NAFTA国家如加拿大、墨西哥等国）时，才予以缴纳。②关税排除。企业进口原料或零件，在对外贸易区内加工、组装后，最终产品出口至美国以外地区，将不需缴纳关税。③库存税豁免。对外贸易区内的企业不必向所在的州或地方缴纳库存税。④倒转关税的减轻。货物进口到对外贸易区，或者在区内在区内毁坏，不缴纳关税和消费税。⑤转换关税。当最终产品的进口税率低于原料或零件的进口税率时，进口商可选择以最终产品的税率作为进口税课税的基础。

美国对外贸易区所得税和其他税收方面的减免优惠是：对从美国境外进口的并为达到储存、销售、展览、重新包装、装配、批发、分类、定级、清洁、混合、陈列、制造或加工的目的而在区内保存的商品，或者在美国国内生产并为出口目的而保存于区内的商品，无论处于原始形态或经上述处理而改变形态的，均免征州和地方的从价税。

美国对外贸易区的其他优惠制度还有：商品可以在对外贸易区无限期的存放；商品可以转移到对外贸易区，以达到出口的法律方面的要求；安全和保险成本的降低，由于海关的安全要求和联邦对犯罪的制裁，使得进入对外贸易区的货物具有比较低的保险成本，货物丢失的事件也比较少。此外，还有配额方面的优惠、非最惠国商品的进口优惠、原产地标识方面的优惠等。在美国对外贸易区，对于转口贸易的商品，还可以免除反倾销税和反补贴税的征收。

6. 美国对外贸易区的监管制度

美国的《对外贸易区条例》首先对申请和审批程序做了严格、详细的规定。对外贸易区的申请、审批程序包括：预登记、登记、公众评议、经办人审查、经办人拟定初审报告、其他部门审查、终审、发布委员会命令。其中预登记是2012年《对外贸易区条例》修正案新增加的程序。该程序要求申请人提交一份电子版申请资料，对外贸易委员会审查后，将在30天内通知申请人其申请是否符合要求，是否有内容需做更正。

在申请程序方面，针对不同申请的种类规定了各自的审批期限。《对外贸易区条例》规定的申请种类包括设立新区申请、现区扩展申请、重组申请、分区申请、加工制造申请。加工制造申请的审批期限一般为12个月（自申请登记之日起算）。新区申请和现区扩展申请的审批期限一般是10个月，分区申请（分区扩展申请）的审批期限一般是3个月。为简化审批流程，降低运营主体入区及从事制造加工活动的壁垒，对外贸易区委员会于2009年1月正式采纳，并于2010年11月修了"可选址框架"管理制度（ASF），对总区的设置和管理方式进行调整。在ASF新管制框架下，申请设立新区或扩展现区的审批一般期限缩短为7.5个月。为了满足企业短期和临时加工制造活动需要，委员会允许企业申请临时生产制造许可，审批时间大为缩短。

其次，建立了总区或分区准入和退出制度。总区或分区经对外贸易区委员会批准后处于"休眠状态"。若投入运营，被授权人需向当地海关与边防局申请激活，这也宣告该区将纳入运营管理。对于因各种原因暂时停止运营的总区或分区，可向当地海关与边防局申请重回"休眠状态"；若不再需要某个总区或分区，被授权人可向对外贸易区委员会申请中止并取消该区；对于在五年内未向海关与边防局申请激活的总区或3年内未申请激活的分区，将被终止。终止后，尚有18个月的申请恢复期，总区或分区仍可按要求激活并须通报对外贸易区委员会执行秘书。

再次，建立了年度报告制度。各总区和分区投入运营后，须每一财政年度在指定期限内向委员会提交报告，汇报区内活动情况。委员会以此作为监督手段并据此向国会做出年度报告。

最后，规定了法律责任制度。如果被授权故意多次违反《对外贸易区法》的规定，委员会可以在提前4个月通知的情况下撤销对被授权人的授权，取消该对外贸易区。对撤销决定，被授权人有权要求听证。同时《对外贸易区法》规定，对违反该法的被授权人、官员、代理人或雇员将处以1000美元以内的罚款。此外，基于有合理理由认为其利益直接受被授权人行为影响的当事人有权提出调查申请，委员会、委员会执行秘书或商务部执行与合规助理部长据该申请，可以启动调查程序。在调查过程中，所有当事方均有义务及时提供相关信息，未能及时提供信息的一方，会造成调查举证阶段有效信息不充分，容易导致当事人对外贸易利益受损，承担较为不利的调查结果。

7. 对河南自贸区法制建设的启示

美国是世界上拥有自贸区（FTZ）最多的国家。经过长期的努力，循序渐进、先易后难的发展，美国形成了完备、成熟的对外贸易区法律制度。美国对外贸易区以"境内关外"为特征，以法律形式明确界定对外贸易区域、功能定位、机构设置及管理体制、优惠制度与监管制度，具有明显的法制化、组织化及机制化特征。法律制度安排是美国对外贸易区的法律保障，也是其组织和机制保障。完善的法律制度，合理和高效的组织机构，相互间分工协作，保障并促进了美国对外贸易区法律实施得以高效地运行。

3.2.2 日本"冲绳三法"及启示

1."冲绳三法"的立法概况

冲绳自由贸易区（以下简称冲绳自贸区）是日本目前唯一设立的自贸区。冲绳的开发依据是"冲绳三法"，即《冲绳开发厅设置法》《冲绳振兴开发特别措施法》《冲绳振兴开发金融公库法》。

2.冲绳自贸区的功能定位

依据《冲绳振兴开发特别措施法》推动的《冲绳振兴开发计划》，冲绳自贸区作为发挥冲绳地理特性的物流中转加工型地区，具备储存、加工、制造、展示等功能。

3.冲绳自贸区的服务贸易管理体系

日本的服务贸易管理体现出即分散又集中的特点，即在专业部门进行专业化管理的基础上，设有综合协调部门对服务贸易进行相对集中的管理。

4.冲绳自贸区的投资法律制度

除农林水产业、矿业、石油业及皮革和皮鞋制造业外，日本对外国投资原则上均实行自由化。涉及国家安全、妨碍公共秩序、公众安全的行业以及可能会对日本经济的顺利运行产生不利影响的行业，实行事前申报、审批制度，其他则采取事后报告制度。

5.冲绳自贸区企业享有的特殊优惠

在冲绳自贸区，经海关批准获得保税区许可的企业享有以下特殊优惠：第一，保税区制度。对外国货物中的零部件、原材料进行加工制造，并将其产品出口国外时，可免缴关税和消费税。第二，关税任选制度。可以任意选择缴纳"原料税"或"成品税"中的一种。第三，在保税制度的基础上，冲绳县政府还推出一系列税收优惠政策，使得区内入驻企业还享受国税、关税和地方税三类不同类型的优惠政策。

6.对河南自贸区法制建设的启示

日本冲绳自贸区法律制度对河南自贸区法制建设最为重要的启示在于，日本冲绳自贸区是日本唯一的自贸区，在没有国内统一立法支持的情形下，地方立法在河南自贸区建设中应当发挥重要的作用。同时，日本地方立法先行的实践再一次表明，无论是采用何种立法，自贸区的发展必须构建在完善的法律制度之上，只有以完善的法律法规，明确规定自贸区的区域性质和法律地位，才能保障自贸区的发展。

3.2.3　上海自贸区法律制度及启示

上海自贸区作为国家以更大开放促进更深改革的重要领域，始建于2013年9月29日，建成之初总面积为28.78平方公里。2014年12月28日，第十二届全国人民代表大会常务委员会第十二次会议决定，上海自贸区扩区，从28.78平方公里扩展到120.72平方公里，是中国目前已有的自贸区面积之最。上海自贸区由七块构成：外高桥保税物流园区、外高桥保税区、浦东机场综合保税港区、洋山保税港区、金桥出口加工区、张江高科技园区和陆家嘴金融贸易区。

1.上海自贸区的贸易模式创新与监管制度

上海自贸区贸易模式的各项创新推进了区内进出境货物通关便利化，推动了自贸区的贸易发展。实施加工贸易工单式核销模式，实现对经海关注册登记的区内企业项号级底账通关、信息化系统料号级底账核销；实施境外入区货物"先进区、后报关"作业模式；实施货物流转"自行运输"作业模式。

上海自贸区在贸易监管制度方面：一是"一线逐步彻底放开、二线安全高效管住、区内货物自由流动"的创新监管服务模式。二是实行电子围网监管，探索建立统一的区内海关信息化监管系统，实现企业运营信息与海关监管系统对接，确保监管高效快捷。三是优化货物分类监管，利用信息化系统不同模块，建立区内企业多种账册管理体系，满足区内企业保税加工、保税物流和保税服务等多元化的业务发展需求，实现分类监管。四是建立国际贸易单一窗口，把所有跟国际贸易有关的，进出口的，口岸的，所有的监管部门，都建立在单一窗口来受理。

2.上海自贸区的投资制度

外商到上海自贸区投资，不再实施审批制，取而代之为备案制。审批制改为备案制的法理叫准入前国民待遇。在上海自贸区总体方案中，以负面清单为核心的投资准入管理体制改革是重要突破口，中国国民经济的分类是1069类，上海自贸区2013年版的负面清单一共是190项，占比17.8%；2014年版有139条，比2013年版调整或者减少了26.8%，限制类是100项，禁止类是39项。这种负面清单的管理模式，一来有助于与国际贸易最新规则接轨，增强外国投资者的信心与积极性，二来有助于鼓励国内企业创新，三来有助于减少政府审批，依靠市场机制和打破垄断。

3.上海自贸区的金融制度

上海自贸区的总体方案中指出，要"在风险可控前提下，可在试验区内对人民币资本项目可兑换、金融市场利率市场化、人民币跨境使用等方面创造条件进行先行先试。在试验区内实现金融机构资产方价格实行市场化定价"。遵循"成熟一项、推出一项"原则，扩大对外开放。尤其是离岸人民币业务的拓展。

上海自贸区的金融监管制度主要包括：一是围绕自由贸易账户，实行自贸区分账核算业务风险审慎合格评估工作机制，有效防范跨境风险；二是针对区内银行业建立相对独立的统计和检测体系，定期从区内业务和机构与两个维度收集数据和监管信息，同时要求经营区内业务的上海各银行业金融机构针对区内业务做好事前和持续的风险自评估；三是建立自贸区金融机构反洗钱、反恐怖融资工作机制，维护上海自贸区平稳健康发展；四是建立事中事后监管体系，促进自贸区金融业创新和稳健发展。

4.上海自贸区的行政管理体制

推进政府管理由注重事先审批转为注重事中、事后监管，"一个窗口"，四家功能（工商、质监、税务登记、管委会）。这一个窗口的相应的制度改革。建立一口受理、综合审批和高效运作的服务模式，完善信息网络平台，实现不同部门的协同管理机制，提高行政透明度，完善信息公开机制以及投资者权益有效保障机制，允许符合条件的外国投资者自由转移其投资收益等。这些行政管理上的创新都有利于转变政府职能、革新政府管理方式。

5.上海自贸区服务业开放的制度创新

空前规模的服务业开放也是上海自贸区的一大创新之处。上海自贸区的总体方案指出，选择金融服务、航运服务、商贸服务、专业服务、文化服务以及社会服务六大领域扩大服务业开放。暂停或取消对投资者的资质要求、股比限制、经营范围限制等准入限制措施，营造有利于各类投资者平等准入的市场环境。其中最引人注意的是金融服务的开放，上海自贸区的金融开放试点不是搞成离岸金融市场而是要探索全国可以复制、可以推广的金融管理经验。

6.对河南自贸区法制建设的启示

上海自贸区先行先试，所形成的制度对河南自贸区来说是可复制的，法律实践对河南自贸区来说也有着重要的借鉴作用。上海自贸区法律实践主要集中在司法理念、市场准入与经营主体、司法改革、法律适用、多元化纠纷解决机制、仲裁与司法的衔接、国际商事仲裁等问题上。当前重点法律问题主要是制度创新对企业民事行为能力、民商事纠纷定位对案件管辖标准、注册资本改革对司法保障、政府职能转变对自贸区行政审判等方面的影响，涉外合同的法律适用和外国法的查明，法官裁判方法的改进，专家陪审制度以及案件执行等。上海自贸区司法保障应当转变司法理念统一正确适用法律与政策、从"行政主导"国家向"司法主导"国家转变、引入社会力量参与法院执行工作、金融新类型案件需要司法机关与监管机构相互衔接、审判应体现商事交易特点、知识产权司法保护标准应当一致并有所创新与继承、刑事审判理念应更加重视刑法的谦抑性等。对上海自贸区提出的"国际化、市场化、法治化制度环境"的具体内涵或指导原则尚缺少清晰、全面的认识，还需要在理论和实践中作出进一步的探索。

比照上海自贸区法制建设的实践，河南自贸区建设的法律制度不仅要对河南自贸区的功能、管理体制、监管制度作出规定，也要衔接相关基础性法律的制定或修订：一是在立法模式上，河南自贸区宜采取省级统一立法模式但在立法中应为各片区保留制度探索空间；二是在河南自贸区管理体制上，河南自贸区应采用政府主导模式，但具体片区的管理机构可基于自身情况探索政府与市场结合的管理体制；三是在法律制度的内容上，河南自贸区的省级立法应重在为贸易的自由化、投资的便利化、金融的国际化和行政的精简化提供法律保障。

3.3 河南自贸区法律制度框架及具体内容

以河南自贸区申建的功能定位为依据，从立法、司法和执法的视角，本节从贸易与投资便利化、事中事后监管服务、司法保障三个方面构建河南自贸区法律制度基本框架，并进一步对各部分具体内容进行设计。

3.3.1 河南自贸区贸易自由化与投资便利化法律制度

目前，在我国自贸区建设中，最为关注的是如何有序地推进贸易自由化与投资便利化。为了推进河南自贸区贸易与投资便利化的进程，作为一个突破口，一方面需要进一步细化河南自贸区的贸易自由化与投资便利化内容，另一方面需要制定落实贸易自由化与投资便利化的措施。

1.以实现贸易自由化与投资便利化为河南自贸区的核心任务，推行国际贸易单一窗口

为了实现河南自贸区贸易与投资便利化目标，河南自贸区借鉴上海自贸区国际贸易单一窗口成功经验，并在河南自贸区法律制度中明确河南自贸区建设的核心任务是：实现货物、人员、车辆、资金入出境自由化，促进河南自贸区贸易自由化与投资便利化。

2.简化海关通关手续，创新海关监管制度

（1）一线彻底放开，二线安全高效管住，区内货物自由流动

各国自贸区的共同特点是"境内关外"的特殊地区，都遵行"一线放开，二线管住，区内自由"的海关监管原则。同时，世界各国的自贸区为了扫除贸易障碍，都尽可能免除关税，简化复杂的海关手续。河南自贸区应当借鉴各国自贸区的做法，坚持自贸区的共同原则，简化海关监管手续，体现自贸区的特色，做到"一线彻底放开、二线安全高效管住、区内货物自由流动"，真正发挥河南自贸区的优势。实行"境内关外"政策，不需要履行报关手续，境外货物可以不受海关监管自由进入区内，区内货物也可以不受海关监管自由运至境外。将河南自贸区视同关外，海关的监管重点应该放在"二线"，对区内的相关经济活动原则上不予干预，这是河南自贸区建设的首要工作之一，也意味着要将通关程序化繁为简，提高通关效率，减少行政成本。

（2）确保货物入出关便利化

河南自贸区海关对货物入出关采用集中、分类、电子化、便利化监管模式。首先，河南自贸区实行上海自贸区的"先进区后报关、批次进出集中申报"制度。"先进区后报关"制度，对于区内企业来说节省了时间、节约了成本。具体来说，境外货物到港之后，河南自贸区内企业可以迅速地将货物先运到自贸区内，货物进入自贸区之后，再打开，按照货单一项一项核对，核对完之后再去报关。如果中间出现错误的话，可以通过联系境外一方及时做调整，把货单做调正，再去报关。批次进出，集中申报制度的好处在于解决了中间分段批次的问题，对企业非常便利，节约了时间，节约了人力成本，而且有的时候会节省税收的成本。其次，海关还应进一步加强硬件设施建设，通过电脑网络及时了解自由贸易区货物进出口动态；筹建雷达监控设施与高频通信设备，提高海关监管效率。河南自贸区可以尝试借助国家电信公网资源，将区内进出口业务信息流、资金流、货物流的电子数据集中存放于公共数据中心，在统一、安全、高效的计算机物理平台上实现数据共享和交换，方便行政部门的核查和企业的运作，安全、高效地完成监管服务。最后，为方便货物进出关，实行24小时通关、以公司账册管理及存货数据取代海关查验、国内出口商品进入区内视作出口，即可享受退税政策等。

（3）对区内货物实行宽松的海关管理政策

首先，允许在河南自贸区的仓库内进行货物分级、包装、挑选、贴商标等商业性简单加工，无须事先经海关同意。其次，关于货物的存储期限，《京都公约》规定："仅在例外情况下，才应对货物在自由区的存放规定期限。"《欧共体海关法典》规

定："货物在自由区或自由仓库内存放不受时间限制。"美国等其他国家自由贸易区立法中，一般也没有存放期限的限制。因此，河南自贸区法律制度应该规定除国家禁止的货物外，对于其他货物没有储存期限的限制。最后，货物在保税仓库之间进出无需通关，并且允许区内自营运输，对区内货物采取较为宽松的抽查方式等。

（4）不断创新海关监管制度

在海关监管制度创新方面，可以尝试在期货保税交割海关监管制度、境内外维修海关监管制度、融资租赁海关监管制度、内销选择性征税监管制度等措施方面有所突破。

3.检验检疫标准化，一线检疫管住，二线检验管住

河南自贸区应遵守WTO的SPS和TBT产品测试技术规则、检验检疫标准及程序，促成商品检验检疫和流程标准化，解决区内商品的质量和安全问题。在河南自贸区内推行国际统一的商品码、状态码，以确保区内商品货真价实，顺利交易。针对专业性较强的商品鉴定，建议尝试引入第三方认证制度。

在商检、动植物检疫和卫生检疫法律制度方面，与海关监管实行"一线放开，二线管住"不同，实行"一线检疫管住，二线检验管住"，应该把检验检疫的重点放在一线，而不是二线。这是由商检、动植物检疫和卫生检疫的特点所决定的。因为检疫涉及到整个国家的健康、安全、食品等方面，因此在入境那一刻即一线必须要做好检疫，而检验可以等产品进来后再进行，即放到二线来做。对境外进入河南自贸区的货物进行检验检疫，而对境内区外进入河南自贸区的货物，则视同出口，免于查验。

在检验检疫制度创新方面，可实行进口货物预检验、分线监督管理制度、动植物及其产品检疫审批负面清单管理等措施。

4.实现海关、检验检疫与边检联网核查

建设河南自贸区内海关、检验检疫以及边检信息共享平台，实现海关、检验检疫与边检联网核查。从节省信息交换与共享成本的角度考虑，可以将海关、检验检疫以及边检之间的信息交换与共享分为两个平台，即信息定时交换平台和信息实时交换平台。对于数据量大、更新周期较长的采用信息定时交换平台；而对于数据量小、交换频繁且要求实时传输的采用信息实时交换平台。从增加信息交换与共享收益的角度考虑，加大海关、检验检疫以及边检信息资源整合力度，逐步引入市场化的开发和利用机制，在建立科学、规范的投入保障机制的基础上，设置海关、检验检疫以及边检信息增值平台，再利用信息资源，形成信息增值产品，从而满足区内企业及其他主体的特定需求。

5.保障人员入出境自由化

各国自贸区普遍采取宽松、自由的人员出入境政策，包括免签证、落地签证等弹性入境签证办法。同时，由于自贸区的一个特点是四周和其他区域隔离，因此制定相关的出入管理法律制度很有必要，河南自贸区应对相关的出入管理法律制度作出规定。简化区内企业外籍员工就业许可审批手续，放宽签证、居留许可有效期限。对接受区内企业邀请开展商务贸易的外籍人员，符合过境免签和临时入境条件的，给予过境免签和临时入境便利。对区内企业因业务需要经常出国、出境的中国籍员工，提供办理出国出境证件的便利。

6.加强多式联运国际物流合作

河南地处华夏腹地，交通优势突出，目前已进入高铁、地铁、普铁、城铁"四铁"联运新时代。我国主要的铁路、公路干线和第二条亚欧大陆桥都通贯其中，承东启西、连南贯北。在航空方面，河南三个民用机场，其中郑州新郑国际机场被国家民航局确定为全国八大区域性枢纽。郑州新郑综合保税区、郑州出口加工区、河南保税物流中心、中原国际陆港等功能拓展和建设加速推进，正式运营。这些基础设施的发展都增加了河南自贸区集聚进出口货物的能力。依托强大的交通优势，在国际贸易功能的驱使下，河南自贸区必然会出现大量货物的流动和周转。河南自贸区应发挥其综合性的仓储物流功能，力争成为中原地区重要的国际货物中转地和国际物流中心。

首先，构建综合性保税多式联运。河南自贸区可以利用地理优势和交通优势，设立专门通道，使得铁路港、空港"两港"，和河南自贸区三位一体联动发展，在保税条件下实现"空海铁公"多式联运，全方位立体化满足货物的中转需求。

其次，将河南自贸区打造为对外贸易中转地。作为综合交通枢纽，郑州在公路、铁路和航空到全国各地平均运输成本方面与武汉、西安、重庆相比具有明显的优势。独特的区位优势和发达的立体交通体系，大大降低了河南对外交流的成本，使河南成为全国重要的物资和产品集散交换中心。再加上郑欧班列开通，跨境电子商务迅速发展，河南保税物流中心、中原国际陆港的建设，国际中转功能也将成为河南自贸区主要发展的功能之一。因此，河南自贸区可以发展成为物资运输和中转中心，这不仅有利于区内企业进行物流运输，还能带动周边地区物资向河南聚集，使河南成为我国内陆物流中转的极点，与上海互相联动，从而带动我国东中西部协调发展。

再次，发展河南自贸区保税仓储功能。保税仓储功能指的是在经过海关批准的保税仓库内储存货物，并且货物享受保税待遇的仓储行为。保税货物主要是指暂时进入区内以后还要再次运送出境的货物，或指一些经海关批准的延期纳税的进口货物。虽然说货物也是由存货人委托保管，但是海关有权对保税仓储的货物进行直接监管，货物入库或者出库的单据均需要经过海关签署同意。保税仓储功能可以用来对进口到河南自贸区的商品进行保税，让进口的商品不办理进口手续的情况下长期享受保税待遇。与此同时，这些保税仓库货物还可以被重新包装、分类、分级、取样、混合和加工等。

最后，实现保税商品展示功能。保税商品的展示应是河南自贸区承担的重要功能之一，保税区和非保税区的国际商品展示，其明显特征在于：保税展示在一个简单的手续制度下举行，对展示的商品给予免征关税的待遇，并可长期储存，区内的企业可以自主确定其展览计划，通过各种技术演示手段来展示和推介其最新研发的产品。依托国际贸易，使大型的商品展示中心在河南自贸区内落户，方便国内客户"足不出国"，在区内就能考察国外的商品，并可以即时与相关企业签订合同，办理相关的进口手续；同样的，境外客户也可以做到"即刻看样本，即刻签合同"。

7.创新跨境电子商务交易规则

2013年7月15日，郑州开始跨境贸易电子商务服务试点，成为全国首批5个跨境贸易电子商务服务试点城市之一。跨境电子商务试点已在河南取得了实质性启动，任何个人均有机会在跨境电子商务专属平台——跨境通上购买到海外的商品。此前，海外产品进口需要交关税，而且税率相对较高，购买手续也比较烦琐。如今郑州开始跨境贸易电子商务服务试点的开通，可以使国内消费者购买外国进口商品更加方便快捷。所以，为适应内外消费者的需求，河南自贸区应加快培育跨境电子商务功能，搭建电商平台与物流平台，平衡协调好政府税收监管与商户、消费者间的利益关系，针对对货物入关计税、征收、实名认证、认购限额等，制定河南自贸区内的电子商务交易规则。

8.实施外资准入前国民待遇与负面清单管理模式

实施外商投资准入前国民待遇，是我国外商投资管理体制的重大变革。为了保证与国际接轨的贸易与投资，须应投资自由化国际经济发展的趋势，必须保证对进入中国投资的国际资金没有限制。但是，准入前国民待遇放松投资准入的严格监管、降低设立门槛、消除投资壁垒，在一定程度上也确实削弱了国家的经济主权，给国家的经济安全带来潜在风险。河南自贸区应对现存贸易、投资管理措施进行整理，把握好调整国民待遇适用的边界并建立相关的配套法律制度来发挥准入前国民待遇的优势，比如军工国防禁止进入、完善公司治理、信息披露以及国家安全审查等。

负面清单就是法无禁止即合法，与正面清单管理模式相比，负面清单具有重大的创新意义，本质上是为了试图弱化政府权力，划清政府与市场的界限，从而更好地发挥市场在配置资源方面的基础作用。河南自贸区应借鉴国际通行规则，减少政府审批，实施负面清单管理，制订区内外商投资的负面清单，形成开放透明的投资管理模式，提高投资便利化的程度。对负面清单之外的领域，按照内外资一致的原则，实行备案制（国务院规定对国内投资项目保留核准的除外）。

河南自贸区还可以在创新制度允许范围内先行实践，总结归纳并制定符合河南经济发展需求的市场准入清单。"根据国际惯例，负面清单分类下的内容写得越明确、具体，其禁止或限制的内容就越少，从而体现其透明度和可操作性。"河南自贸区应逐步优化负面清单的内容，提高透明度，保证负面清单一目了然，使市场主体有法可依，提高市场经济活动的效力。

9.酌情制定投资与税收优惠政策

各国自贸区普遍采取具有较强竞争力的税收优惠政策，主要包括关税、企业所得税、消费税、增值税等方面的优惠政策。河南自贸区的投资与税收优惠首先应遵循"同等待遇"为原则。其次，以国内现行海关特殊监管区税收优惠政策叠加为依据，争取享受关税豁免、较低的企业所得税以及其他方面的税收优惠政策。再次，实现保税交易与离岸退税政策。逐步推进开放政策，在河南自贸区内开设免税店，促进区内购物行业大幅度增长，以频繁的商旅活动带动河南自贸区产业快速发展。依托河南各口岸设立免税店和保税展示交易中心，实施境外游客购物离境退税政策，进而增加河南自贸区购物消费总量。最后，制定鼓励企业投资的税收优惠政策，例如：对于区内注册的企业，且固定资产投资达到一定数额的，给予自取得第一笔生产经营收入所属纳税年度起一定年限内免征企业所得税的优惠政策；对区内注册的企业购置机器设备的固定资产投资贷款，地方政府予以贴息支持，在用电、运输等方面给予特殊价格政策支持；对区内企业，进口国内不能生产的自用设备，以及按照合同随设备进口的配套件、备件，在规定范围内免征关税等。

10.实行较为宽松、自由、开放的外汇管理和金融政策

金融是市场经济体系中最活跃的因素之一，作为贸易自由化与投资便利化程度相当高的自贸区，宽松、自由、开放的外汇管理和金融政策也是相当重要的。目前河南金融机构国际化水平较低，并且受资本项目可兑换的重重制约，"引进来"和"走出去"面临较多限制，不利于融入新一轮国际贸易投资一体化，对河南企业"走出去"开展跨国并购形成了诸多金融约束。所以，河南自贸区在金融创新方面，需要认清自己的特色和独特优势，明确自身定位、发展理念和管理模式，实行宽松、自由、开放的外汇管理和金融政策。

首先，为了促进河南自贸区贸易自由化与投资便利化，更好促进金融为实体经济服务，河南自贸区要扩大金融系统的国际化开放程度，在跨境人民币业务领域合作创新，推动以人民币作为河南自贸区与境外跨境大额贸易和投资计价、结算的主要货币，开展以资本项目可兑换为重点的外汇管理改革等试点，推动河南自贸区与境外投融资汇兑便利化。

其次，随着河南自贸区贸易自由化与投资便利化的发展，贸易支付结算带动全球大量资金的涌入，大量资金涌入后又必然需要寻找出路，否则就会诱发各种风险，因此河南自贸区建设必须要发展离岸金融业务，不断增强金融服务功能，大力开展投融资、货币兑汇与买卖、借贷、抵押、担保、理赔、期货交易、财会代理与结算等业务。

再次，推动金融服务业对符合条件的民营资本和外资金融机构全面开放，支持在自由贸易区内设立外资银行和中外合资银行。允许金融市场在自由贸易区内建立面向国际的交易平台，逐步允许境外企业参与商品期货交易，鼓励金融市场产品创新，支持股权托管交易机构在自由贸易区内建立综合金融服务平台。支持开展人民币跨境再保险业务，培育发展再保险市场。

最后，在企业融资方面，特别是高新技术企业融资方面，可以设立信用担保机构，建立信用担保机构风险准备金制度和财政有限补偿担保代偿损失制度，为这些企业提供优越的融资环境，促进自由贸易区高新技术产业的发展。

3.3.2 河南自贸区事中事后监管服务法律制度

在河南自贸区"宽入"的同时如何落实"严管"，是河南自贸区建设的法律制度设计中需要认真解决的难点问题，需要系统谋划。

1.政府角色定位

十八届三中全会提出要深化行政体制改革，创新行政管理方式，增强政府公信力和执行力，建设法治政府和服务型政府。对于河南自贸区来说，政府主要是两个角色——管理者和服务者，即两个主要的职能，管理职能和服务职能。近些年来建设服务型政府一直是河南政府机构改革的目标，而河南自贸区的设立正是大刀阔斧进行试验的好时机。在河南自贸区内经济结构调整方面，政府一定程度上仍然是管理者的角色，在对企业进行干预而达到结构调整目的的同时，要注意调整行为的有效性、技巧性，充分尊重企业内部自治，将调整行为仅限于结构调整的领域。信息服务是政府提供的服务产品中最重要的产品，政府信息服务能力的提高也是建立有限政府减少政府干预的方向之一，政府信息服务包括政府收集信息能力与政府信息公开。

2.组织机构设置及职责

（1）建立独立的、高效的管理体制

河南自贸区应构建专门机构进行宏观管理的单一管理体制，由专门机构统一负责全省各自贸片区的宏观指导、顶层设计，对所设区域内的一切机构与事务进行监管，对河南自贸区的总体发展进行规划，制定一般性的政策，并结合我国改革开放的根本国家战略制定河南自贸区相应法律法规和中长期规划蓝图，不受其他职能部门干预。

在单一管理体制基础上，河南自贸区应坚持层次少和权力集中的原则，尝试政企分开、社会参与管理的地方管理体制，实现管理体制创新，成立经政府授权的专门机构，负责管理和协调自贸区的整体事务，投资建设必要的基础措施，超前进行整体规划和建设。

（2）建立政府综合执法体系

建立政务统一"综合审批"和"高效运作"的服务模式。相对分割的执法模式在实践过程中极易发生部门权责不明，办事效率低等问题，对此在河南自贸区建立政府机构综合执法体系更有利于执法活动的顺利高效进行。在综合执法的同时，需要简化程序、优化流程：一是向社会公开行政审批事项。将行政审批事项的依据、程序、时限、收费等方面通过网站、公示牌等方式进行详细分解和公示；二是下放审批权限。通过分权、放权、授权等方式，进一步简化审批程序，缩短工作流程，对企业设立、注销及名称、住所、注册资本、经营范围等变更登记的，由注册许可局统一受理、办理，实行"窗口受理"、"一审一核"制度，窗口受理后，后台审查后，现场符合条件的即行文上报，提高办事效率。网上公示无投诉举报的，可以先行行文，再行上报，缩短审批时间；三是压缩审批环节，优化审批流程。建立企业登记"一口受理"、实行"五证合一"和"电子营业执照"等标志性改革。将原来的营业执照、组织机构、代码证、税务登记证、外商投资企业批准证书、发改委立项审批由工商、质监、税务、商务、发改分别办理的模式，改革为"一表申请、一门受理、一次审核、五证同发、信息互认、档案共享"的登记新模式，经办人只需要在自贸区行政服务中心的工商窗口提交申请材料，即可完成"五证"的申请，经审核后，"五证"同发。

（3）设立河南自贸区管理委员会、各自贸片区管理局和河南自贸区开发公司

河南省政府设立河南自贸区管理委员会（以下简称管委会），由管委会负责河南自贸区的总体规划和全面管理与协调，与河南人大、各自贸片区人大、政府各部门进行联系、协商，起草河南自贸区相关条例草案与管理措施，协商与制定区内关于海关、检验检疫、税收、金融等特殊政策；受理和审批设立各自贸片区的申请，监督检查各自贸片区的日常运营状况。管委会还可下设常务委员会来处理河南自贸区的日常事务。

郑州、开封、洛阳市政府设立郑州、开封、洛阳自贸片区管理局对各自贸片区实行综合管理，自贸片区管理局是所在地方政府的派出机构，对于工商、环保、劳动、财政、规划、投资等事宜授权管理局执行，同时在各片区内设立海关、商检、动植物检疫、税务等机构，从事其相关业务。

设立河南自贸区开发公司（以下简称开发公司），负责河南自贸区的开发建设及

其他公共事业。管委会与开发公司实施合二为一的开发建设体制。开发公司主要从事基础设施的建设与维护，提供公共服务，专门负责区内城市管理、土地开发、区内绿化、环境保护等任务，管委会的主要精力集中在区内的行政管理和协调上。保证开发公司独立于政府控制，采用市场化的运作模式，避免管委会和开发公司人员相互任职的情况，使其成为具有独立法人地位的公司主体。开发公司的设立避免了管委会既履行行政管理职责又肩负区内开发经营等经济活动任务的现象，不仅能使河南自贸区管理体制得到创新，而且保证了河南自贸区建设符合国家战略和地区利益需要。

（4）构建政府、企业与协会共管的监管模式

建设法治政府和服务型政府是新形势下深化改革开放的要求，建议在河南自贸区内采用政府、企业、协会三方共管的监管模式，更好地推进创新政策，更高效地起到"示范区"作用。

在负面清单管理模式下，河南自贸区在事中事后监管中需要做到"生产环节管控"原则与"内容底线管控"原则并重。具体来说，一方面，遵守负面清单"生产环节管控"原则，即政府各部门对企业或组织机构在各个生产、传播、流通、消费等环节进行若干限定；另一方面，深入探讨河南自贸区对外开放的"内容底线管控"原则，通过政府部门或由政府部门授权国有企业对生产内容直接管控，坚守区内产业内容的底线。

3. 制定权责清单

不简政放权，就无法调动市场的创造力，但如果监管跟不上，就没有公平的市场环境，同样难以激发社会的创造力。我国商事登记制度改革已将134项前置审批改为后置，即取得营业执照后再由相关部门申请许可审批。市场主体办了营业执照，不申请办理相关许可就从事经营的行为，由于"先入后批"监管责任尚不够明确，河南自贸区有必要按照"谁审批、谁监管、谁主管、谁监管"的原则，制定权责清单，实现市场监管的清单化、标准化和规范化，推动政府管理模式由重审批、轻监管和以批代管向强化事中事后监管转变，促进市场公平竞争，维护市场交易秩序，为各类市场主体创业创新营造良好的发展环境。

4. 完善企业信用管理制度

（1）企业征信制度

目前，我国征信方面的法律与实践还存在许多不足，企业在征信数据的采集和开放方面都没有相应的法律依据。河南自贸区在征信方面立法应主要包括：加强对企业征信状况的收集和整理，提高国家行政机关的监督作用；公开企业征信数据，使社会大众广泛知悉企业信用状况，尤其是违法经营信息；建立对失信企业的处罚力度。

河南自贸区企业诚信体系建设可从以下几个方面着手：第一，建立征信平台。加快信用数据库的建立与征信数据的共享、开放，实施信用披露，搭建信息交流平台，尽快建立跨部门信息共享的企业信用动态数据库。同时，建立财务会计制度的监管与信用机制的联系；第二，归集信用记录。企业信用的录入可以通过一个法人企业为一个录入单位的方式，企业的信息应包括企业注册基础信息及相关信息注销信息，以及企业的行为信息和不良行为预警信息等；第三，进行信用评级。良好的资信等级是企业形象的重要组成部分，有助于企业筹集资金、扩大业务、争取更多的商业机会。建立第三方信用评级需要企业寻求第三方信用评级机构，提交企业相关资料，第三方评级机构进行定性定量分析，尽职调查，最后由评级委员会根据最终的调查结果出具相关企业信用评级报告；第四，培育信用市场。河南自贸区应当培育一批规模大、信誉好的信用服务机构，推进征集行业协会建设，加强行业自律，提高执业水平和公信力。

（2）企业年度报告公示与经营异常名录制度

实行公司年度报告制度是我国公司年检制度改革的序幕。公司年度报告制度要求企业应当按年度在规定的期限内，通过市场主体信用信息公示系统向工商部门报送年度报告并向社会公示，任何单位和个人均可查询。企业对年度报告的真实性、合法性负责。国家行政管理机关对公司监督遵循"不举报不追究"的原则，充分保障企业在市场经济活动的主导地位。

年报制度能够让企业在年度报告中提供其动态信息，作为信用建设的重要手段。第一，公司年度报告制度标志着国家行政机关对市场经济主体的监管方式由直接干预转为间接干预，强调公司自主决策，自负责任。第二，公司年度报告制度的审查方式是形式审查，即公司登记机关对公司提交的文件是否符合法律规定的要求进行审查，不再对公司年度报告提交的材料的真伪性进行调查核实，公司对自己提交的年度报告材料的真实性与合法性负责。第三，公司年度报告制度，不仅审查公司登记事项，而且重点强调对公司财务报告的了解和掌握。

"欧共体理事会关于特定类型的公司年度报表的第四号指令要求：欧盟各国股份有限公司的年度财务报表必须真实，需全面地反映公司的资产负债、财务状况与盈亏，而且对资产负债表、损益表以及其他财务报表的格式、内容、特定科目都做了专门的统一规定。""在发达国家，年度报告作为一种法定文件，其格式和内容都必须按法律规定制作，内容必须真实、全面，不得弄虚作假。"西方发达国家的年度报告制度经历了长时间的发展，在公司年度报告提交的主体、提交的时间、审查主体以及处罚方式做出了详细的规定，具有很强的操作性，其中年报内容一般都是法定的，主要包括：公司变更登记情况以及公司近1年的发展变化、公司治理结构、公司财务情况等。河南自贸区可借鉴外国相关制度，对公司提交的财务报表的格式、内容做出具体规定，通过完善相关法律法规以规范我国公司年度报告制度。具体来说，第一，完善年度报告的法律规定事项，提高年报的实践操作性。确定公司年度报告内容，尤其是公司财务报表相关内容；制定年度报告的统一格式，保证公司年度报告的统一性和规范性；规定会计人员和审计人员在公司年度报告的参与以及应承担的责任；完善年度报告违法行为的自罚制度；除对公司罚款与吊销营业执照两种处罚外，建立严格的个人责任制度，包括对个人的罚款直至追究刑事责任。第二，对未按规定公示年度报告的企业，工商行政管理机关在市场主体信用信息公示系统上将其载入经营异常名录。第三，载入企业异常名录的性质认定为属于《行政处罚》六种行政处罚之外的"法律、行政法规规定的其他行政处罚"。警示性行政"黑名单"接近于行政指导行为，目的是引导、督促行政相对人采取或不采取某种行为，主要起预告、警示作用，而不是起惩戒作用，不具有强制性。由于此类"黑名单"不对人的权利和义务产生直接影响，因此可以由地方立法进行设定，超过三年未履行的，工商行政管理机关将其永久载入经营异常名录。第四，对被永久载入名录的企业负有个人责任的法定代表人或直接责任人，自企业被永久载入名录之日起三年内，不得担任其他企业的法定代表人或直接责任人。该企业法定代表人或负责人证明其不负有个人责任的除外。第五，企业对年报的真实性、合法性负责。第六，年报信息披露与商业秘密的保护。上海自贸区报送的年报内容包括：企业资产状况（包括资产总额、负债总额、净资产总额、销售收入、利润总额、亏损额、全年净利润、全年纳税总额、对外投资情况等），而企业向社会公示的资产状况部分仅包括资产总额、负债总额、销售收入、利润总额、亏损额5个结果性数据。河南自贸区在今后相关制度的探索中，可以对信息披露的适度边界进一步摸索。

5.强化知识产权保障措施

由于河南自贸区经济的高度自由化，企业的入驻模式简化等特点极易造成对其他企业或个人知识产权的侵害。知识产权的侵害对于一个企业的影响可能是致命的，甚至会严重破坏市场的竞争秩序，扰乱市场经济的正向发展。商标权和著作权的保护，尤其是对驰名商标的保护直接关系到人们对企业信用评价。因此，应高度重视河南自贸区区内知识产权保护问题。

我国现有知识产权法律主要有《商标法》《专利法》《著作权法》《计算机软件保护条例》，但是，与数字内容、多媒体、互联网等相互整合出现的新兴业态尚属于法律空白地带，在河南自贸区开放而激烈的市场竞争环境中，进行知识产权投机运营，不仅自由方便，而且成本低廉。中国已加入世界贸易组织成为《与贸易有关的知识产权协议》（TRIPS）成员，河南自贸区的知识产权保护，应与TRIPS、《保护文学艺术作品伯尔尼公约》、《世界知识产权版权公约》及《世界知识产权组织表演和录音制品条约》等国际公约相符合，并且与国际标准、国际惯例的发展趋势相适应，通过与国际知识产权规则的接规，构建司法保护、行政保护以及通过第三方保护的多元化知识产权保护机制，引导河南自贸区企业健康有序发展，使投资者，尤其是外商对河南自贸区更加信任。

3.3.3 河南自贸区司法保障法律制度

1.提升司法理念

司法理念是人民法院发挥司法保障职能的灵魂，河南自贸区司法工作首先需要深化商事审判理念。自贸区率先建立符合国际化和法治化要求的跨境投资和贸易规则体系，因此，人民法院在审理涉河南自贸区案件时必须遵循商法思维，具体包括：尊重意思自治与公权适当介入、尊重商事营利性和商人职业特点、尊重商事交易规则和惯例、促进交易效益与保障交易安全。平等保护中外当事人的合法权益，对于涉外案件，要正确适用国内国际两种法律渊源，坚持平等保护、法制统一、审判独立和公开透明的原则，正确行使司法管辖权，准确运用冲突规范，维护河南自贸区的国际信誉和对外开放形象。

2.司法管辖制度创新

郑州航空港区是河南自贸区的重要组成部分。根据我国《民事诉讼法》的规定，我国法院辖区同行政区划是一致的，在当事人所在地等处于某一行政区域时，诉讼就由设在该行政区域内的法院管辖。《最高人民法院关于同意设立郑州航空港经济综合试验区人民法院的批复》明确指出："郑州航空港经济综合试验区人民法院，行使基层人民法院职权，管辖本区域内的案件，其上一级人民法院为郑州市中级人民法院。"在一定程度上解决了一审案件管辖权冲突的问题，但具体操作中仍然困难重重。根据郑州航空港区管委会网站公布的信息，目前对于涉郑州航空港区法院普通一审案件，郑州市行政辖区内的民商事、执行案件由新郑市人民法院管辖、中牟县人民法院按照原区域管辖，刑事、行政案件由管城回族区人民法院管辖；开封市尉氏县行政辖区内的各类案件仍由尉氏县人民法院管辖。自2014年1月14日郑州航空港区人民法院批准设立以来，为积极匹配郑州航空港试验区在河南省经济发展中的引领地位，贯彻落实四个"排头兵"工作要求，为郑州航空港试验区又好又快发展提供有力司法保障，该法院快速落实法官员额制改革，持续优化审判团队结构，智慧法院系统的建设也初见成效，主导建立全区多元化纠纷解决机制，主动服务航空港重点项目的建设。

基于河南自贸区法律制度的特殊性，在河南自贸区相关立法尚未到位、新类型处理规则尚未明朗阶段，确立集中管辖更符合河南自贸区对司法的需求。建议参考我国《涉外民事关系法律适用法》，以郑州航空港区人民法院为基础，对涉河南自贸区案件实行集中管辖。对于发生在河南自贸区内一般的争议案件，应该根据《民事诉讼法》《行政诉讼法》加以解决；构成犯罪的案件，根据《刑事诉讼法》加以解决；对于河南自贸区的批准、撤销等事项的司法审查，由于具有专业性，可以考虑在法院内部设立相关的专业审判庭审理相关案件。同时，在河南高级人民法院成立河南自贸区专项合议庭，与郑州航空港区法院相对接，以满足河南自贸区对审判功能的综合性需求和专业化要求。

这是一种全新的探索和尝试，对司法提出了更高的专业性要求，要求法官重新掌握相关法律规则以及与别处不同的政策。司法保障专业化水平提升的研究难点在于以下两个问题：一是如何准确适用我国法律、国际公约、国际条约和国际商事交易惯例，平等保护中外当事人权益；二是如何改进裁判方法，通过依法、高效、公正的审判，促进司法审判水平的不断提升。

3.全方位、多角度构建与完善司法保障机制

（1）构建多元化纠纷解决机制

多元化纠纷解决机制（ADR）是各国共同的法律潮流。在河南自贸区内，建立有效的多元化纠纷解决机制，实现专业的商事、金融、知识产权调解机构、行政调处机构、仲裁与司法的有效整合，对河南自贸区纠纷的解决具有积极的意义。需要注意的是，在ADR机制构建与完善的过程中，既要保证纠纷解决的效率，也要保证纠纷解决过程中规则的明确。构建多元化纠纷解决机制的难点在于以下三个问题：一是仲裁与司法的衔接；二是人民调解、司法调解与行政调解"三联互动"工作体系；三是河南自贸区构建临时仲裁制度、紧急仲裁员制度以及国际商事仲裁临时措施制度的必要性和可行性。

（2）诉讼与非诉讼有效衔接机制

根据最高人民法院2009年7月24日颁布的《关于建立健全诉讼与非诉讼相衔接的矛盾纠纷解决机制的若干意见》（法发〔2009〕45号），河南自贸区应重点研究并试点健全诉讼与非诉讼相衔接的矛盾纠纷解决机制。

对于河南自贸区内的民商事纠纷，纠纷解决方式可以是诉讼方式，也可以是诉讼外方式。完善诉讼程序和措施，以诉讼方式作为纠纷解决的最终保障。构建以仲裁为主导，辅以调解等作为诉讼外的纠纷解决方式有如下几点：建立仲裁机构，为当事人提供经验丰富的各行各业专家包括会计师、律师、专家、设计师、银行家等解决纠纷；通过调解程序，在各方当事人自愿的基础上由调解员促成各方当事人都能接受的

结果；以提高法律服务水平作为纠纷解决的有效途径；通过普及的公众教育与宣传来强化纠纷双方寻求法律途径解决问题的法律意识。

（3）试行临时仲裁制度

现代意义上的仲裁，是指"根据当事人之间达成的仲裁协议，将纠纷提交非司法性质的第三方进行审理，由其对争议事项所涉及权利义务作出有法律约束力的仲裁裁决的纠纷解决方式。"根据仲裁机构所起的作用或组织方式的不同，仲裁可分为机构仲裁和临时仲裁。临时仲裁又可叫作"特别仲裁"或随意仲裁，是指"争议发生后，在仲裁过程中不由任何常设机构进行程序上的全面管理，"而是由双方当事人推选仲裁员临时组成仲裁庭，负责审理并作出具有法律拘束力的仲裁裁决，仲裁庭在案件审理终结并作出仲裁裁决后即自行解散的仲裁方式。

与机构仲裁相比，临时仲裁具有自主性、灵活性以及费用低的优势。河南自贸区的开放性，决定了区域内的当事人来自不同法系。"在当事人来自不同法系的情况下，临时仲裁也往往成为首选，以期得到公正且利于执行的仲裁裁决。"河南自贸区人员流动性大，当事人从自身利益出发，往往偏于从经济性角度考虑纠纷的解决，其目的不仅在于获得公正更在于获得利益，有追求快捷结案的需求，通常更乐于选择临时仲裁来节省费用和时间。河南自贸区内当事人对纠纷解决效率的追求，以及市场经济对财富最大化的追求，是临时仲裁真正意义之所在。

法律的真谛在于实践，为坝实经济服务是法学研究最根本的目的和最大的价值。由于历史和现实的原因，法律因素还没有对我国自贸区的整体发展构成决定性的影响，这是河南自贸区法律缺失但立法进程依然缓慢的重要原因。与美国、日本和我国上海自贸区相对比，河南自贸区在立法支持上显然不足。本章只是揭开了河南自贸区法律制度研究的序幕，河南自贸区申建成功后，拥有良好发展机遇的同时，也面临着严峻的挑战，还有更多的法律问题需要在法律实践的行进中，"择高处立，就平处坐，向宽处行"，持之以恒地思考，不断尝试，逐步升华，开拓创新，谏言献策。

参考文献

崔岩，左玉雷．2007.试论经济分析新法学理论对构建我国反垄断法的意义［J］．南方论刊，3：25-26.

龚柏华．2014.上海自贸区"负面清单"模式是我国深化改革的突破口［J］．中国财政，6：53-55.

韩健．1993.现代国际商事仲裁法的理论与实践［M］．北京：法律出版社，24.

〔德〕赫尔曼·哈肯．2005.协同学——大自然构成的奥秘［M］．凌复华译．上海：上海译文出版社.

黄进．1999.国际私法［M］．北京：法律出版社，791-792.

〔美〕理查德·A·波斯纳．1999.法律的经济分析［M］．蒋兆康译．北京：中国大百科全书出版社，9-12.

倪峰．2004.对多边主义理论构成的一些探索［J］．国际论坛，6：26-28.

人民日报.2014.人民日报钟声：开放包容，携手发展共赢——聚集"一带一路"倡议的时代意义（下）[N].人民日报，2014-02-26（03）.

沈四宝，王军，焦津洪.2002.国际商法 [M].北京：对外贸易大学出版社，84.

沈四宝.2006.西方国家公司法原理 [M].北京：法律出版社，135-140.

孙秀君.2006.试论中国保税区向FTZ转型的法律定位 [J].法学论坛，3：145-151.

孙中一.1989.耗散结构论·协同论·突变论 [M].北京：中国经济出版社.

王斐弘.2002.仲裁概念考 [J].中国对外贸易，12：15-17.

魏宏森，曾国萍.1995.系统论——系统科学哲学 [M].北京：清华大学出版社，310-322.

颜泽贤，范东萍，张华夏.2006.系统科学导论 [M].北京：人民出版社，43.

杨丽艳.2004.区域经济一体化法律规范研究——兼评中国的区域经济一体化法律对策 [M].北京：法律出版社，1，56-84.

叶显群.2002.西方经济分析法学在中国 [J].现代法学，1：149-151.

袁庆明.2005.新制度经济学 [M].北京：中国发展出版社，41.

张文显.1996.二十世纪西方法哲学思潮研究 [M].北京：法律出版社，181-200.

中国社会科学院语言研究所词典编辑室.2005.现代汉语词典 [M].北京：商务印书馆，1505-1506.

朱丽娜.2013.日本冲绳自由贸易区发展模式浅析 [J].国际市场，2：58-60.

Jaime·H·Mir Terman.2002.Globalization: Transformation and Resistance. Princeton University Press.

Sandra Obuljen. Joint Venture Agreements Drafting the Arbitration Clause. Croatian Chamber of Commerce, Croatian Arbitration Yearbook, 1999：150.

第4章

中国（河南）自由贸易试验区旅游业发展研究

2016年，李克强总理在首届世界旅游发展大会上指出，把发展旅游业作为推进结构性改革尤其是供给侧结构性改革、促进经济发展的重要方面来抓，实施旅游消费促进计划和旅游投资促进计划，落实向社会资本全面开放旅游市场的举措，进一步深化对外合资合作，以改革开放增强旅游业发展动力。河南省旅游业已经取得了显著的成绩，但与发达地区相比，还存在一定的距离。2017年4月1日，河南自贸区的正式挂牌成立，为河南省旅游业的改革开放提供了前所未有的重要机遇，有望通过河南自贸区建设促进旅游业更好更快地发展。因此，探索如何充分利用河南自贸区发展提供的制度创新机遇，促进河南省旅游业的改革开放，具有较大的理论与实践意义。

4.1 河南自贸区发展旅游业的基础

近年来，河南省旅游系统认真贯彻落实省委经济工作会议和全国旅游工作会议精神，牢固树立"创新、协调、绿色、开放、共享"发展理念，坚持观念转变与结构调整同步、投资驱动与消费拉动并重、硬件完善与软件提升并举，按照"五位一体"总体布局和"四个全面"战略布局，以推进旅游供给侧改革为主线，以转型升级、提质增效为主题，以扩大旅游消费和提升旅游服务质量为重点，切实推动全域旅游，深化体制机制创新，加快重大项目建设，塑造旅游品牌，规范市场秩序，提升融合发展能力，强化旅游扶贫，努力做精旅游产品、做大客源市场、做优旅游服务、做靓主题形象、做高综合效益，全省旅游经济主要指标保持较快增长态势，旅游业转型升级、提质增效取得新进展。截至"十二五"期末，河南省游客接待量、旅游总收入年均分别增长14.9%、17%，超额完成"十二五"规划目标。

郑州、开封、洛阳三大自贸区都提出了有关自身旅游业发展的方向，尤其是开封片区提到重点发展医疗旅游、创意设计、文化传媒、文化金融、艺术品交易等服务业，构建国际文化贸易和人文旅游合作平台，打造服务贸易创新发展区和文创产业对外开放先行区，促进国际文化旅游融合发展。洛阳片区提出重点发展电子商务、服务外包、国际文化旅游、文化创意、文化贸易、文化展示等现代服务业，及推进华夏历史文明传承创新区建设。目前，开封、洛阳片区旅游业发展取得显著成绩，为河南旅游业的改革和发展奠定了良好的基础。

1. 旅游业发展氛围浓厚，产业素质明显提升

开封市旅游行业围绕打造"一城"、驱动"双核"、协同"三区"、推进"四化"，落实"文化+"、"互联网+"、"旅游+"的战略要求，以信息化、标准化、产业化、品牌化为主线，着力推进旅游产业供给侧结构性改革，使得旅游业保持了健康快速发展的良好态势，促进了郑汴一体化升级版和开封市全面融入大郑州都市圈。据统计，2016年全市累计旅游接待量在5080.1万人次，同比增长13.1%，实现旅游综合收入398.6亿元，同比增长62.6%；接待入境旅游者27.09万人次，同比增长12.4%。同样作为国际文化旅游名城的洛阳，其旅游系统紧紧围绕"四高一强一率先"、"9+2"工作布局和构建"565"现代产业体系的总体要求，主动适应经济发展新常态，狠抓重点项目建设、旅游厕所提升、旅游标准化推进、智慧旅游建设、旅游扶贫开发等工作，不断优化旅游发展大环境，积极培育旅游经济增长点。2016年，全市接待游客总人数1.142亿人次，同比增长9.5%；其中，接待入境游客115万人次，同比增长14.5%；全市旅游总收入905亿元，同比增长16%。两市旅游业各项指标都再创新高，为河南自贸区旅游业的发展营造了良好氛围，打下了坚实基础。

2. 旅游产业创新发展，新型产业体系形成

洛阳市和开封市都抢抓"一带一路""三区一群"国际战略发展机遇，以建设国际历史文化名城为主攻方向，以推进旅游业供给侧改革为中心，拉动旅游业发展与新型工业化、信息化、城镇化和农业现代化相结合，实现旅游产品多元化、休闲化、创新化、体验化，服务质量标准化、精细化、个性化，围绕构建国际化、高端化、特色化、信息化的现代旅游产业体系，绘就发展宏图。一是提升核心竞争力，推进国际历史文化名城建设；二是加强旅游市场监管力度，优化旅游消费环境，完善旅游服务质量；三是强化旅游企业联合，建立旅游产业要素集聚区；四是以"厕所革命"为突破口，带动提升旅游公共服务整体建设水平；五是实施高端客源营销攻坚，提升河南入境游产品建设；六是以河南旅游数据中心为基础，借助云计算和大数据，实现传统旅游向智慧旅游的转变；七是内塑龙头，外引强企，打造长效的、完整的旅游产业经济链，促进消费升级；八是挖掘人文资源优势，发展乡村特色产业，建设休闲农业与乡村旅游示范区，着力推进旅游精准扶贫。

3.旅游市场监管力度加大，市场环境持续向好

2016年，《河南省施行〈中华人民共和国旅游法〉行政处罚裁量标准(试行)》、《河南省旅游行政处罚裁量标准适用规则(试行)》等措施的出台，河南是全国第一个出台标准和规则的省份，标志着在规范自由裁量权和行政执法行为方面，河南省在全国率先迈出了重要一步。其中，开封市旅游委督促全行业加强旅游安全应急演练，提升企业自我防范能力，督导旅游景区编制《旅游景区安全评估报告》，持续开展平安景区创建，提升景区的安全防范能力。开封市工商旅游分局是把工商的专属职能因地制宜地融入旅游市场监管中，使工商的职能服务于旅游市场秩序整治工作，保护经营者、消费者的合法权益。洛阳市结合实际情况，率先在全省成立旅游市场监管大队。加强旅游市场监管执法。严厉打击各种扰乱市场秩序、侵害旅游者合法权益的不法行为，维护旅游市场秩序，营造放心的旅游环境。加强旅游消费维权。充分发挥12315行政执法体系的作用，强化部门协作。通过互通监管执法信息、建立联席会议制度、开展联合执法等途径，增强工作合力，形成齐抓共管的工作格局。

4.旅游市场营销质效提升，营销深度不断扩展

抓住"一带一路"倡议实施的机遇，积极开展旅游营销活动。一是洛阳市、开封市已形成了"洛阳市国际牡丹街"、"洛阳市河洛文化节"、中原旅游商品博览会、开封市菊花节等品牌活动。二是2016中国（郑州）国际旅游城市市长论坛成功举办，中国（郑州）国际旅游城市市长论坛是我国深化与国际旅游组织合作的一个重要平台，已经成功地举办了四届，走过了整整八年，可圈可点。三是重点围绕"一带一路"沿线国家，积极开展了"河南——中国历史开始的地方""美丽中国——陆上丝绸之路"等20余项旅游推广活动。四是河南省注重运用大数据分析结果，加强营销针对性，在开展"老家河南"万里行营销推广活动中，更加重视在长三角和首都经济圈范围及高铁沿线、航线的重要节点城市，举办以产品为重点的营销活动，并收到较好效果。五是在亚太地区、北美及欧洲主要客源市场启动河南入境游产品提升与渠道建设工作，依托国外主流媒体和行业渠道，建立全球化的目的地营销体系。积极参加国家旅游局组织的中国—丹麦旅游年、中国—哈萨克斯坦旅游年、中国—东盟旅游合作年等活动。六是做好旅游产品优化提升，整合打造、捆绑推广功夫河南、王朝街道及南太行、伏牛山、大别山生态游等系列主题旅游产品，打造特色鲜明、适合国际游客认知习惯的国际品牌和精品线路。七是积极争取72小时过境免签、入境游客离境退税等政策，为入境游提供便利的条件，增加入境游规模。八是建设"河南旅游新闻岛"，构建以各级旅游官网、头条号、微博、微信、手机报以及主流媒体为核心，全省旅游系统共享，多种宣传媒介和社会公众共同参与的旅游宣传新格局，促进旅游宣

传效果的全面提升。

5.旅游投资取得新突破，旅游融资模式不断创新

河南省旅游系统强化重大项目带动支撑作用，狠抓重点项目建设及招商引资工作。尽管旅游景区项目、旅游基础设施、旅游购物项目、旅游饭店投资等传统旅游业态的投资依然占据主要地位，但越来越多的资金开始集中流向文化旅游、生态旅游、乡村旅游以及温泉滑雪、低空飞行、工业旅游等新型业态。截至2016年底，全省在建旅游项目达607个，计划投资总额达5894亿元，实际完成投资574.7亿元，同比增长18%。全省旅游业完成招商引资1552.06亿元，同比增长27%。省旅游发展委员会积极拓宽融资渠道，组织33家旅游企业与金融机构签订了170.9亿元的授信协议，为重点旅游项目落地建设提供资金保障。支持平安银行设立400亿河南省文化旅游产业发展基金，并签订战略合作协议，为全省旅游业发展提供强有力的资金支持。

6.实施全域旅游攻坚，旅游供给能力提升

按照国家旅游局的要求，把全域旅游发展标准研究透彻，宣传到位，在全社会营造发展全域旅游的浓厚氛围。一是大力推进全域旅游示范区创建工作。继郑州市、济源市、洛阳栾川县等10家单位入选全国首批创建"国家全域旅游示范区"名单后，焦作市、郑州市、巩义市、洛阳市洛龙区等16家单位入选全国第二批创建"国家全域旅游示范区"名单。洛阳市编制了《全域融合发展文化旅游业，建设国际文化旅游名城重大专项》，郑州编制了《郑州市创建国家全域旅游示范区三年行动计划》。二是着力加强旅游公共服务体系建设。各地以公路、停车场、交通标识、游客服务中心等为重点，切实加强旅游基础设施建设，不断提升旅游公共服务的便捷性和道路的通达性。

7.构建现代交通体系，旅游与交通相融相促

2017年国家出台的《关于促进交通运输与旅游融合发展的若干意见》提出，到2020年，我国将基本建成结构合理、功能完善、特色突出、服务优良的旅游交通运输体系。这是贯彻落实党中央、国务院决策部署、推进供给侧改革的重要举措。河南省面对快速崛起的大众旅游对交通运输的新需求，依托高铁、城铁、民航、高速公路等构建现代"快进"交通网络，以提高旅游的通达性和便捷性。洛阳市按照"一体两翼一基地"的定位，推进洛阳市机场改造二期工程，谋划实施三期工程，做好点对点旅游航线开辟，打造重要旅游干线机场；加快谋划实施一批重大铁路基础设施项目，积极构建以十字形高铁为骨干、放射状城际铁路为主体、普速干线铁路为基础的铁路交通网络，实现由交通节点城市向交通枢纽城市的转变；加快形成"三横三纵加三环、八方辐射建枢纽"的高速公路网，加快组团高速环线建设。开封市则地处中原，有着明显的交通区位优势。城际铁路19分钟、汽车只需半个多小时就可到达郑州，从开封市到新郑国际机场也是半个多小时车程。在交通网络方面不但四通八达，而且公路网络密度全国少有。通过加强"快进慢游"的旅游交通网络建设，可以方便游客出行，丰富游客体验。

8.建设国际文化旅游名城，品牌建设影响广泛

"自贸区"赋予开封、洛阳片区旅游业发展新的战略定位，其中包括开封将构建"国际文化贸易和人文旅游合作平台"，洛阳发展国际文化旅游、"推进华夏历史文明传承创新区建设"。定位既符合开封、洛阳两地旅游产业发展的实际，又赋予了开封、洛阳旅游产业发展新的力量。开封坚持文化休闲、时尚休闲"双核"驱动，以"文化+"引领产业转型、以全域化配套支撑产业转型、以标准化提升产业转型、以节会经济拉动产业转型、以改革创新推动产业转型，倾力打造"古今文明交相辉映、老城新区各展风采"的国际文化旅游名城。洛阳按照"全场保护、做好规划、有序建设、搭建平台"的要求，全力做好隋唐城遗址保护利用；加快推进旅游产业转型升级，积极创建国家全域旅游示范区，让洛阳成为近悦远来的观光之城、休闲之城、生活之城；推动"门票经济"向"产业经济"转变，打造洛阳旅游升级版；抓住"一带一路"建设等机遇，做好海外市场、航线开辟等工作，做好"博物馆之都"规划建设，使洛阳尽快成为国际旅游线上的亮点。

4.2 河南自贸区旅游业创新发展的意义

作为新一轮改革的试验田，河南自贸区被赋予重任。大众旅游时代，旅游业在改革创新中发挥着越来越重要的作用。河南自贸区的三大片区中的旅游业都被赋予了重要使命。郑州片区重点发展智能终端、高端装备及汽车制造等现代服务业，发挥现代综合交通枢纽作用。开封片区"以文化+引领带动产业升级"，要在全域旅游率先实现突破，推动旅游在开封片区内与"工业、文化、物流、医疗、商贸、会展、农业、体育"等产业深度融合，构建一体化的旅游产品体系。洛阳片区重点发展装备制造、国际文化旅游、文化创意等现代服务业，推进华夏历史文明传承创新区建设。可见，只有抓住建设"自贸区"改革试点带来的机遇，旅游业才能实现更快更好的改革创新与转型发展。

1.发挥旅游业先导示范作用，服务"一带一路"建设

"十三五"期间，旅游业作为新型的综合性产业，秉承创新、协调、绿色、开放、共享五大理念，势必会发挥比前十二个五年计划期间更大的作用。"一带一路"

的构想和实施使中国敞开大门，丝绸之路经济带和21世纪海上丝绸之路沿线各国人民能得以共享经济社会发展成果，同时也是促进中国与世界各国旅游业更快、更好发展的绝佳机会。旅游将继续发挥以文旅商贸促进睦邻友好、和平邦交的新使命，为"一带一路"构想的落地开路导航。河南自贸区旅游业的发展可借助国家、省市政策的大力支持，提升旅游产业综合服务功能，发挥出郑州航空港的立体交通网络优势，加密客运航线，开发出"一带一路"沿线国家国际航线，逐步向"一带一路"沿线国家和城市拓展，积极推动与"一带一路"沿线城市开展互为目的地的旅游推广活动。

2.增强旅游业发展新动能，激发旅游市场新活力

旅游业关联面甚广，从第一产业到第三产业乃至所谓的第四产业（知识产业/信息产业），从经济建设到政治、社会、文化、生态等各方面的建设，旅游业都能在其中发挥作用。因此，旅游业一直是发展方式转型的引擎行业或动力行业。河南自贸区成立之初，就将旅游业作为自贸区建设的重点领域之一。"十三五"时期，河南省仍将处在旅游业发展的黄金机遇期，同时也是旅游业转型发展的关键期和各种矛盾的凸显期，因此，既要从需求侧发力，又要通过旅游供给侧结构性改革，实现制度创新和政策调整，破除各种市场壁垒，增强旅游发展新动能，激发旅游市场新活力，推进旅游业迈向更高水平。

3.深化旅游行政管理改革，实现政府职能转变

我国自贸区建设的实质就是制度创新。河南自贸区继上海、广东、天津、福建自贸区之后，继续推进行政体制改革，坚持简政放权、放管结合、优化服务"三管齐下"，深入推进政府职能转变，促进大众创业、万众创新，让所有社会成员共享自贸区的改革红利和发展成果。河南旅游业应紧抓自贸区制度创新机遇，深化旅游行政管理改革、产业发展机制创新、旅游企业内部改革，破除制约旅游发展的体制机制障碍，制定执业管理办法、出台业务受理流程、制定事后监管办法，形成事中事后监管体系，有效提高行政审批效率。

4.利用自贸区的政策红利，促进旅游产业融合发展

河南省旅游业已进入产业融合发展的新时期，旅游产业与其他产业融合的广度、深度、速度都在不断地加快。旅游产业与其他产业的融合，衍生出休闲农业游、观光农业游、演艺体验游、养生养老游、工业参观游、创意产业基地游览、自驾车旅居营地、低空飞行等多种旅游新业态，这些新业态的出现既满足了旅游者多元化的需求，也完善了河南省旅游产品的产品体系。河南要利用自贸区高效的通关效率和创新的口岸运行机制、旅游相关产业投资经营和执业就业准入政策倾斜、旅游企业与金融机构的创新合作模式，为在海关特殊监管区内发展旅游新业态提供便利。

4.3 福建、上海自贸区旅游业创新发展经验

4.3.1 福建自贸区福州片区旅游发展经验

福建自贸区福州片区于2015年4月21日正式挂牌成立，面积31.26平方公里，涵盖福州经济技术开发区和福州保税港区。其中福州经济技术开发区22平方公里，包括五个区块，分别为马江区块、快安区块、长安区块、南台岛区块、琅岐区块；福州保税港区9.26平方公里，包括江阴区块、新厝区块。福州片区三大功能定位：重点建设先进制造业基地、21世纪海上丝绸之路沿线国家和地区交流合作的重要平台、两岸服务贸易与金融创新合作示范区。在旅游方面，福州片区充分利用其临近海峡西岸的区位优势，大力发展两岸旅游，并取得一定成绩。

1.进行旅游行政管理改革，转变政府职能

制定了《福州自贸区外资合资、台资合资旅行社管理办法（试行）》《福州自贸区台胞报考全国导游人员资格管理办法（试行）》《台湾导游领队在福州市执业管理办法（试行）》三项执业管理办法；出台了《外资合资、台资合资旅行社在福州自贸区申请设立工作流程》《台湾导游领队在福州自贸区执业申请工作流程》《福州自贸区内台胞报考全国导游证受理工作流程》三项业务受理流程；制定了《福州自贸区外资合资、台资合资旅行社后续监管实施办法（试行）》《台湾导游领队在福州自贸区执业申请后续监管实施办法（试行）》《福州自贸区台胞报考全国导游人员资格证后续监管实施办法（试行）》三项事后监管办法。这些政策的落地，初步形成了事中事后监管体系，有效提高了行政审批效率。

2.开创榕台旅游交流合作新模式，推动闽台深度融合

福州在全国率先启用电子台胞证；率先实行临时来榕外省籍居民赴马祖旅游可在福州申请或委托旅行社代办马祖团队旅游一次有效通行证件，两个工作日即可办结；福州市居民赴台旅游可在网上办理赴台旅游签注业务；在福州外省居民免于提交暂住证即可办理通行证赴台湾本岛旅游；自2017年5月22日起，福建省内符合条件的游客需持有效卡式大陆居民往来台湾通行证，可在福州市市民服务中心"24小时便民自助区"、福清市公安局出入境24小时自助受理服务中心、福清火车站港澳台旅游24小时自助签注受理点自助办理赴台游签注，即办即拿、立等可取。此外，福州片区在马尾自贸区的综合行政大厅设立"马祖旅游一站式审批服务中心"；成立"福州市马祖旅游综合服务中心"；在马尾马祖旅游服务中心建立跨境电商O2O体验馆，成为自贸区"两马旅游合作示范区"的重要宣传展示平台。高效便捷的赴台旅游证件办理及线上

线下互动的消费模式助推了两岸旅游交流合作迈上新台阶。

3.创新旅游发展机制，扩大开放旅行社领域

福建省旅游发展委员会自2015年8月1日起，将福州片区内申请设立旅行社和外商独资、中外合资或中外合作旅行社的申请、受理、审核、审批和监督管理委托福州片区管委会负责。对台湾服务提供者在自贸区设立旅行社的经营场所、营业设施和最低注册资本要求，比照大陆企业实行。简化合并旅行社证照审批许可流程，将办理工商营业执照与申请旅行社业务经营许可两个环节合二为一，实现"一口受理、一站办齐"。申请设立外商投资旅行社的企业，直接持工商行政管理部门颁发的外商投资企业的营业执照，依照内资旅行社的审批程序即可办理。截至2016年5月4日，福建自贸区三个片区成立了13家台资合资、外资合资及台资独资旅行社，其中，福州3家，分别是驴妈妈（福州）国际旅行社、福建美亚国际旅行社和福建骉马国际旅行社，其中驴妈妈（福州）国际旅行社已经取得国家旅游局批准，可试点经营福建居民赴台湾地区团队旅游业务。

4．放开导游从业人员限制，加快旅游人才流动

自2015年起，福建省允许台湾导游、领队经自贸区旅游主管部门培训考核后核发证件，在自贸区执业。截至2016年12月底，共有289名台湾导游、领队人员参加培训，首批通过岗前培训与考核的57名台湾领队中，已有18人与省内出境游组团社签约。允许在福州自贸片区内居住一年以上的持台湾方面身份证明文件的自然人报考导游资格证，并按规定申领导游证后在大陆执业。

5.率先开启两岸自驾游，拓展两岸旅游新领域

放大福建自贸区对台口岸优势与作用，2016年5月6日，福建省旅游协会自驾游分会将与台湾自驾旅游协会签署《两岸自驾旅游战略合作协议》。双方本着建设两岸自驾旅游"优势互补，资源共享，线路互通，客流互送、市场互利"的平台，打造两岸自驾精品线路，共同拓展海峡两岸自驾游市场，共同培育"海峡自驾游"品牌，把福建打造成为海峡两岸自驾旅游的黄金通道，推动两岸自驾旅游繁荣发展。福建强化海上丝绸之路旅游品牌，以海峡号、丽娜号为载体，拓宽了平潭—台湾海上直航旅游线路。推进"厦金""两马"旅游区域合作，打造环马祖澳旅游区，推动了"厦门—金门、澎湖""马尾/黄岐—马祖"等一程多站旅游线路升温。

4.3.2　福建自贸区平潭片区旅游发展经验

2009年7月，根据国务院《关于支持福建省加快建设海峡西岸经济区的若干意见》

精神，福建省委决定设立平潭综合试验区。2011年3月，"加快平潭综合试验区开放开发"写入国家"十二五"规划纲要和国务院批准的《海峡西岸经济区发展规划》，平潭开放开发上升为国家战略。2011年11月，国务院正式批复《平潭综合试验区总体发展规划》，赋予平潭7方面28条比经济特区更加特殊、更加优惠的配套政策。2013年2月，国务院批准设立由国家发改委等13个国家部委组成的平潭综合试验区建设部际联席会议机制，负责指导、协调和服务平潭开放建设。2014年12月28日，第十二届全国人民代表大会常务委员会第十二次会议通过平潭列入新一轮自由贸易区建设试点。

平潭片区范围43平方公里，涵盖3个功能区，分别为：港口经贸区，面积16平方公里，重点发展国际贸易、现代物流、商务服务和电子信息设备制造；高新技术产业区，面积15平方公里，重点发展海洋生物、医疗器械、包装材料和轻型设备制造等高新产业；旅游商贸区，面积12平方公里，重点发展滨海度假、文体旅游、休闲养生、旅游购物等旅游产品，延伸拓展旅游高端业态，着力打造国际滨海风情度假岛、国际海洋文化体育基地、国际旅游休闲目的地，并逐步向国际旅游岛拓展。自贸区获批后，平潭形成了"试验区+自贸区"政策叠加的优势，平潭抓住千载难逢的发展机遇，切实推进了平潭国际旅游岛的建设。在结合全岛旅游资源分布、旅游产品组织和服务要素聚集等因素的基础上，构建了"一廊两环五区"的国际旅游岛建设发展格局。"一廊"即海峡旅游廊；"两环"即陆上旅游环、海上旅游环；"五区"即坛南湾滨海度假区、海坛湾滨海旅游区、坛北文化体验区、坛东民宿旅游区、离岛生态休闲区。

1.实施精准营销，打响"平潭蓝"品牌

以"平潭蓝"品牌为统揽，坚持整体形象推介与旅游产品营销并重、传统手段与新媒体并用，提升品牌影响力。首先，加强"平潭蓝"品牌内涵和外延建设，推动"平潭蓝"标识进景区、酒店、学校、社区和各类服务窗口，形成"平潭蓝"全民营销格局。联合宣传、文体、商务、招商等相关部门，借助出访来访、节庆展会、演出赛事等开展"平潭蓝"主题推介会。其次，运用大数据，精准分析重点客源市场和新兴市场游客多样性、多层次的旅游消费需求，开展针对性、适应性、灵活性的旅游营销活动。再次，拓展在重点旅游客源地宣传推广渠道。开展高铁沿线节点城市宣传。加强与同程、携程、途牛等互联网企业合作，设立平潭国际旅游岛品牌旗舰店，提高营销实效。最后，制定精准营销方案，深化对港澳台地区、"一带一路"沿线国家媒体投放和宣传推介力度。

2.推动旅游产业融合，培育特色旅游产品体系

出台了《促进旅游产业发展的九条措施（试行）》，规范和扶持旅游产业发展，推动旅游业转型升级。出台了《平潭综合试验区旅游民宿扶持暂行办法》《关于进一步优化服务促进民宿产业规范发展的指导意见（试行）》，明确民宿界定、开办条件，规范民宿产业发展秩序。建立了项目库，实行滚动管理来推进平潭海坛风景名胜区景区提升及配套工程、平潭国际演艺中心项目、北港文创村、游客集散中心等项目进展。第一批项目库包括29个项目已经推向市场，其中，海坛古城一期、一村一品、两岸青年旅馆、平潭国际演艺中心等项目已取得成效。

举办了国际风筝冲浪赛、国际自行车赛、两岸马拉松赛等重大体育赛事。依托坛南湾、海坛湾，开发了海上运动、海钓、潜水等旅游项目，大力发展海洋旅游。引导乡村旅游创意产品设计，培育乡村旅游创客示范基地，建成了北港、国彩等一批全国乡村旅游模范村，推动了美丽乡村建设。在借鉴台湾民宿开发的经验基础上，打造了一批特色精品古厝民宿。引进国际采购商、物流商，建设了平潭台湾免税市场、跨境电商体验店，加快发展旅游购物。

3. 强化旅游服务品质，提升旅游形象

完成了石牌洋景区、麒麟荣誉酒店、两岸国际旅行社的标准化试点工作。推动海坛古城、澳前台湾小镇4A级旅游景区申报工作。推进了坛南湾、仙人井、将军山的接线道路建设，新建旅游厕所24座，完成了石牌洋、将军山景区的一期提升工程。建设了坛南湾旅游集散中心，设立了澳前台湾小镇、海坛古城等游客服务中心，增设旅游标牌标识。承办全国导游人员资格考试，引导平潭职业中专开设旅游专业，多次举办旅游经营者、国家导游员、景区讲解员培训会。发布了《文明旅游倡议书》《文明旅游服务公约》，在旅游景区、旅行社、星级酒店、全区主要道路节点和公交展播文明旅游标语。制定了文明旅游进机关、进学校、进社区宣传计划。开展了主题宣传口号、旅游形象广告语征集活动、旅游风景区有奖竞答活动。举办了首届"最美平潭蓝·爱我沙滩行"蓝眼泪公益环保活动。加强了对"平潭蓝"品牌的管理和研发，采取边建设、边塑造、边营销的方式，极大地提高了平潭的知名度和美誉度。

4. 丰富合作形式，紧抓岚台旅游合作

率先出台了自贸办申请设立外商投资旅行社审批办法，获国家旅游局特批的试点经营福建省居民赴台湾团队旅游业务。目前，平潭已成立5家台资旅行社，其中，独资2家。开设了台湾导游在自贸区执业岗前培训班，吸引约150名台湾导游参加，111名台湾导游通过考核，在换取导游证后，可在福建自贸区执业。在实施为外省籍居民经平潭口岸赴台旅游团队办理大陆居民往来台湾通行证政策后，截至2016年12月10日，共登记备案有赴台资质的旅行社13家，办理一次性大陆证2416人次。吸引了20余名台湾民宿业主在平潭开设石头厝民宿，参与平潭乡村旅游开发。在抓好岚台旅游合作的同时，平潭已与澳门旅游局签订战略合作协议，促进平潭旅游业走国际化道路。

5.完善旅游政策措施，优化旅游发展环境

建立了综合监管和联合执法工作机制，落实了《平潭综合试验区提升旅游服务质量加强旅游市场综合监管实施方案》《平潭综合试验区旅游市场秩序专项整治工作方案》，联合工商、公安、物价、综合执法等部门开展专项整治行动，有效地规范了旅游市场秩序。转变政府职能，突出服务意识，完善行政权力清单和责任清单管理，推进简政放权、放管结合。按照"双随机""一公开"的监管要求，落实了已取消和下放的旅游行政审批项目的后续监管工作。推进了旅游统计制度化、规范化、科学化、信息化发展。大力支持区旅游协会的发展。按照福建省旅游发展委员会的部署，全面落实"放心游平潭"服务承诺，得到了广大旅游者的真心认可和真实口碑。作为首批国家全域旅游示范区创建单位，开展统筹全区资源、改善旅游环境、完善旅游要素等工作。

4.3.3 福建自贸区厦门片区旅游发展经验

厦门片区总面积43.78平方公里，范围涵盖东南国际航运中心海沧港区域和两岸贸易中心核心区，并根据先行先试推进情况以及产业发展和辐射带动需要，拓展试点政策范围，形成与两岸新兴产业和现代服务业合作示范区、东南国际航运中心、两岸贸易中心和两岸区域性金融服务中心建设的联动机制。厦门市旅游局根据《中国（福建）自贸区总体方案》《中国（福建）自贸区厦门片区实施方案》《关于加快实施自由贸易区战略的若干意见》，积极创新，旅游工作取得初步成效。

1.加快设立台资合资旅行社，开拓高端定制包团新市场

截至2015年年底，厦门片区已成功招商2家台资合资旅行社，即雄狮（福建）国际旅行社有限公司和夏旅灿星国际旅行社有限公司；1家台资独资旅行社，即XTG国际旅行社有限公司；1家外资（新资）合资旅行社，即疯马旅游投资（厦门）有限公司。其中雄狮（福建）国际旅行社独辟蹊径，推出系列高端游客定制包团，有效避免了与大陆已有的赴台旅行社之间同质化竞争，并已经组织近4000名大陆自由行和团队游客赴台旅游，同时招揽约1300名台湾地区游客入闽。

2.打造"旅游+金融"模式，提供旅游服务新体验

2016年5月5日，雄狮(福建)国际旅行社有限公司与厦门银行双方签署合作协议，以在线上线下互设专区等模式开展联合服务。雄狮集团运用其在大陆及海外经营优势以及资源整合加值运用能力，将福建作为旅游目的地及客源地，以贴心细致的台式服务、产品创新、社群经营等独特竞争力，提供福建居民及台商全方位服务。开发了"360度游台湾"VR体验产品，由台湾当地达人带领游客体验台湾山林之美、人文之

美。厦门银行则利用其对台区位优势和政策优势，深化对台旅游合作，积极打造包含旅游主题联名银行卡、多样化两岸商旅服务平台、覆盖两岸的普惠金融在内的全链条式台湾旅游解决方案，打造了"两岸美元速汇"、新台币兑换和清算、赴台取现免手续费且汇率按中间价计算等对台特色业务，为两岸旅游、求学、商务等交流提供便利。

3. 鹭台双方分享发展经验，深化两岸合作

台资合资旅行社台方管理人员与大陆合资者积极分享参展经验、旅行社管理经验、境外旅游组织经验。台方利用积累三十年实务产业经验的ERP系统和海外地接优势资源，推出台湾经典美食深度主题旅游系列产品。雄狮（福建）国际旅行社有限公司已于2016年11月推出服务大陆自由行游客赴台的"旅途中"APP，打造透明的旅游目的地旅游信息服务，为长期僵化的赴台旅游产业链找到突破口。

4. 成立旅游人才培训基地，强化人才保障

厦门市旅游发展委员会先行先试，探索两岸旅游人才交流合作新模式、新途径和新领域，依托厦门旅游培训中心，构筑了"两岸导游领队（厦门）培训基地"和"两岸旅游人才（厦门）培训基地"，并借助此平台，已与国内10多所旅游院校开展旅游人才合作培养暨校企对接。从2008年至今，厦门市已与台北、台中、高雄、金门、澎湖等台湾县市联合举办过两届"海峡两岸导游之星大赛"，组织导游协会和优秀导游骨干两次赴台与台湾导游领队展开深度业务交流；每年邀请台湾资深旅游从业人员来厦门进行专题讲座。开展了台湾导游领队在福建自贸区换证执业、自贸区台湾籍居民参加导游资格考试等业务，同时扩展与台湾旅游行业的各类专项培训、研讨，培养两岸急需的导游领队和旅游专业人才，建设两岸旅游发展人才支撑平台、两岸旅游交流合作平台和两岸旅游专业人才培养平台。

5. 打造大旅游生态圈，引领产业升级

厦门片区做好"互联网+旅游"，开拓旅游电子商务新模式，打造厦门旅游千亿产业群。市旅游发展委员会专门下发了《关于支持"腾邦欣欣产业园"发展的工作意见》推动"腾邦欣欣产业园"智慧旅游、旅游电商的发展。腾邦欣欣产业园包括跨境电商海捣网厦门站、两岸旅游元素同业交易中心、福建智慧旅游示范基地和两岸产业电商创业基地等四大项目，面向海峡两岸旅游企业提供两岸旅游资源同业交易、"创客"孵化服务、云计算、大数据和互联网金融等服务。截至2016年底，已有45家企业入驻，其中旅行社19家，园区办公人数近600人。园区开设了虚拟旅游VR体验厅，积极拓展线上交易，2016年线上交易额突破30亿。

6. 培养旅游新业态，助力供给侧改革

修订了邮轮发展扶持政策，加大了补助力度，对邮轮公司、邮轮经营人、租赁

（或包租）邮轮的企业、招揽游客在厦门登轮出游的大陆地区组团社给予奖励。正式加入了亚洲邮轮联盟，成为继中国香港、中国台湾、中国海南、菲律宾之后第五个成员单位。启动了"海丝友好之船"邮轮旅游线路。厦门自驾游协会和台湾自驾游协会联合共同授牌厦门旅游集散中心为海峡两岸首个"两岸自驾旅游基地"，实现了台车入闽和两岸自驾车辆互通的常态化落地。举办了"两岸一家亲，欢乐自驾游"两岸车友"家"年华活动。作为深化旅游供给侧结构性改革的助推器，旅游新业态成为旅游转型升级的新动能，对推进旅游目的地品牌建设、加快厦门市全域旅游发展起到了日益重要的作用。

7.创新完善政策支持，提供有力保障

争取海关、交通、公安等管理部门进一步优化管理措施，推动人员流动便利化，实现自贸区口岸过境免签或自贸区所在省市长时间停留等更加便捷的签注措施。2015年4月1日起，厦门高崎国际机场实施了对51个国家的人员实行72小时过境免签政策，2015年6月，公安部批复同意福建省试行10项台湾地区临时入闽机动车和驾驶人便利政策、三个自贸片区针对旅游发展出台相应的扶持政策等。推动与旅游业相关的邮轮、游艇等旅游运输工具出行的便利化，重点突破在口岸通关、监管查验、码头设置、牌照互认、航行区域规划等方面的政策难点。 发挥现有协调机制作用，加强综合协调、督促检查，解决好自贸区旅游业发展过程中遇到的困难和问题。

4.3.4　上海自贸区旅游发展经验

2013年9月29日，上海自贸区正式成立，面积28.78平方公里，涵盖上海市外高桥保税区、外高桥保税物流园区、洋山保税港区和上海浦东机场综合保税区等4个海关特殊监管区域。2014年12月28日，全国人大常务委员会授权国务院扩展上海自贸区区域，将面积扩展到120.72平方公里。上海自贸区范围增加了金桥出口加工区、张江高科技园区和陆家嘴金融贸易区。上海自贸区的建设目标是到2020年，率先建立国际投资与贸易通行规则相衔接的制度体系，把自贸区建成投资贸易自由、规则开放透明、监管公平高效、营商环境便利的国际高标准自贸区。

1.融入国家"一带一路"倡议，发挥旅游业积极作用

强化与丝路沿线省市常态化的旅游交流，建立了与沿线国家旅游合作工作机制。全面梳理上海旅游业可融入"一带一路"倡议中的各类资源，谋划新产品、设计新线路、研究新政策，制定行动框架。依托"一带一路"国家旅游宣传平台，加强与丝路沿线重要旅游城市的合作与交流，推出了邮轮、高铁、房车等各类旅游产品，拓展以"一带一路"为主线的国际旅游市场。充分发挥上海出境游客源地的优势，鼓励各类资本参与"一带一路"旅游项目建设，支持旅游企业走出去。加大境外旅客购物退税政策宣传力度，研究和总结国内外旅游区域合作与一体化发展经验，推动了包括互免签证在内的旅行便利化政策。

加强相关政策研究，进一步简化办事程序，优化办事流程，健全事中事后监管制度。落实旅游行政权力目录管理制度，建立了动态清理机制，启动编制行政权力行使业务手册，推进行政权力电子化、信息化，提高权力行使的标准化。在中国邮轮旅游发展试验区、国际旅游度假区、国家会展中心等重点区域，尝试执行更加开放的机制与政策。积极发展"互联网+旅游"，推动在线旅游平台企业发展壮大。鼓励建设在线旅游企业第三方支付平台，推动移动支付在旅游业的普及应用。支持金山、崇明等区县探索扶持特色民宿等乡村旅游发展。

放大上海国际邮轮母港建设的带动效应，推动了长江与海洋旅游的联动发展。依托长江旅游推广等联盟开展联合促销，将"四季上海"品牌和长三角"主题体验之旅"推广至相关市场。积极落实长三角144小时过境免签政策。以智慧旅游建设为抓手，吸引社会资本参与，推进区域旅游公共服务设施的标准化建设，以统一的服务标准、服务标识和票务系统为主要内容，打造了区域旅游公共服务平台。探索制定长江经济带《旅游景区（点）道路交通指引标志设置规范》，积极推进长江国际黄金旅游带的建设。

2.加强规划引领，推进旅游重点区域建设

加强旅游规划与项目建设的对接，完善旅游项目库及项目建设管理机制，强化旅游规划的引领作用。推进上海国际旅游度假区开发建设和有序运营。按照市政府"保重点、分梯次、整体出形象"的目标，加快以信息咨询、导览提示、投诉受理、卫生保障为重点的旅游公共服务中心和15个旅游服务点建设。推进度假区交通旅游标识、引导标识系统和大客流应对、交通组织与应急管理体系等旅游配套建设。推进佘山国家旅游度假区建设。支持欢乐谷改造提升、佘山风情街等项目建设。推动佘山国家旅游度假区的招商引资工作，着力将度假区建设成为集游乐、观光、会务、休闲等功能为一体的综合型旅游度假区。深化上海中国邮轮旅游发展试验区发展。做好《上海市邮轮旅游合同示范文本》《上海市邮轮旅游经营规范》的使用及经验总结，并在长三角地区乃至全国范围内宣传推广。围绕邮轮口岸、邮轮公司、旅行社等邮轮旅游相关企业，推动系列地方标准的制定，明确相应的基本服务、设施、安全、卫生、信息传递、管理等质量要求。充分利用自贸区平台，聚焦培育邮轮旅游产业链，推动邮轮旅游基础与配套设施建设，力争在邮轮建造、通关政策、无目的地线路等方面有所突破，吸引更多邮轮企业和机构集聚上海，大力发展邮船物资供应、船舶维修保养等服务，推动观光、娱乐、购物等邮轮相关产业发展。

3.促进旅游投资和消费，拓展旅游发展新空间

借助自贸区发展的利好形势，营造促进旅游投资的环境和机制。推进小陆家嘴、世博园区、临港新城、虹桥商务区、徐汇滨江、宝山滨江、虹口北外滩、崇明长兴岛等区域旅游功能性项目建设。引导旅游企业开发上海及长三角房车旅游产品，推进青浦、奉贤、松江等房车基地项目建设。发展适合大众消费水平的中小型游艇，鼓励相关区域建设一批游艇码头和泊位。加强与上海铁路局的全面合作，推进高铁站点旅游咨询、集散和服务设施建设，支持企业推出以高铁为出行方式的快捷旅游线路和产品。支持浦东先行先试，研究探索国际会展便利化措施，提升展会服务水平，吸引更多具有国际影响力的展会汇聚上海，打造设施完善、服务优良的国际商务会展旅游目的地品牌。依托新型城镇化建设，推进建设若干集观光、休闲、度假、养生、购物等功能于一体的特色旅游城镇和特色景观旅游名镇。支持青浦"上海国际帆船港"、普陀苏州河生态文化旅游休闲区、静安苏河湾创意文化休闲区、虹口水岸都市创意休闲区等旅游休闲区的建设。探索推进崇明岛全域旅游开发和综合管理体制建设。

4.加强营销力度，着力塑造旅游品牌

利用新媒体、社交网络等载体，扩大上海旅游影响力。支持黄浦、虹口、静安等区县大力推进微旅行线路开发，创新宣传渠道，推动"微游上海"品牌项目升级。办好中国国际旅游交易会，积极举办和参加各类展会。举办好旅游保险发展促进研讨会、世界旅游资源博览会及推介会。参加北京会奖旅游展、北京中国会议产业大会等活动。提升旅游节庆活动的覆盖面与品牌影响力。推进旅游节庆"一区一品"活动，全方位展示上海的"品味、时尚、休闲、体验"。加大对旅游企业市场化办节的指导，提高品牌号召力和市场参与度，营造季季有节庆，月月有热点的良好氛围，打造若干具有上海地域特征、文化特色、时代特点的节庆旅游品牌。加强服务全国和对口支援工作。支持受援地区编制旅游规划，加强对受援地区旅游从业人员的培训，鼓励旅行社开辟相关线路，组织上海游客到受援地区旅游。

5.着眼游客需求，提高旅游公共服务水平

推进多层次旅游公共服务体系建设。重点协调、指导了上海国际旅游度假区内旅游公共服务体系建设。推进上海旅游公共服务功能向城市社区、郊野公园等领域延伸，完成188家社区信息苑中设立社区旅游公共服务点的工作。提升上海市智慧旅游工作水平。建设上海旅游信息管理与发布平台，打造旅游数据中心。完善旅游信息汇集、维护和社会化共享机制，依托"上海A级景区实时信息发布系统"，建设本市智慧景区公共服务平台。开展了上海旅游触摸屏系统改造升级工作。新增137个地铁站点旅游街区导览图，实现上海地铁路网已建站点的全覆盖。推进旅游厕所革命。加强旅游

人才队伍建设，依托《全面深化中国（上海）自贸区改革开放方案》新政，在引进海外人才创新创业、方便外籍华人安居乐业、对外籍投资者申请永久居留给予的倾斜，特别是服务"一带一路"建设过程中，人员跨境往来更加便捷高效，方便旅游企业"招才引智"，深化上海自贸区建设发展。

4.4 河南自贸区旅游业创新发展的思路

无论是国家层面的供给侧改革、"旅游+"、"互联网+"、全域旅游，还是河南省层面的旅游产业转型升级、智慧旅游、旅游扶贫等领域，共同塑造了河南省自贸区旅游业发展的思路，河南省自贸区旅游业发展的新空间将在旅游业改革开放制度创新、旅游业与相关行业和领域的融合发展、旅游公共服务体系建设、旅游业供给侧改革等方面。

1.以自贸区旅游业发展引领河南旅游业发展新常态

在新常态下，旅游业作为稳增长的重要引擎、调结构的重要突破口、惠民生的重要抓手、生态文明建设的重要支撑，已成为经济发展新常态下的新增长点，而随着移动互联网时代的到来，我国旅游业进入转型升级的关键阶段。因此，要加快旅游业体制机制创新，在河南自贸区开展旅游综合改革试点，在体制机制创新、资源保护利用、市场主体培育、投融资体制改革、产品业态创新、品牌培育推广等方面先行先试，激活旅游业创新发展新动力。着力构建以企业为主体、市场为导向、产学研相结合的旅游业创新体系，作为旅游经济活动参与各方中最具活力的部分，成为创新主体。

2.以自贸区旅游业发展打造河南旅游业发展新高度

要充分利用自贸区平台，势必要全面梳理河南旅游业可融入自贸区发展中的各类资源，谋划新产品、设计新线路、研究新政策，推进多层次旅游公共服务体系建设，加大旅游企业"招才引智"力度，倒逼旅游业发展模式创新。自贸区为入境游的发展提供了新的契机和更加广阔的平台，推进城市管理、交通、市容、生态环境、游客服务及感受等创建工作，不断增强河南旅游的国际吸引力，推动河南旅游企业发展整体升级提档，形成旅游新的增长，把全省旅游业建设推向新台阶。

3.以自贸区旅游业发展开创河南全域旅游发展新局面

全域旅游已写入政府工作报告，上升为我国旅游业转型升级的发展战略。全域旅游不再局限于传统的"六要素"产业，而是要进一步丰富旅游产品，促进相关产业链条的拉长和产业的升级增值。当全域旅游和自贸区相结合时，以自贸区建设为载体，统筹国际国内资源，利用文化交流、文化传播、文化贸易的方式，差异化发展或者引进高端旅游产业，进一步补充和丰富河南旅游资源，不断深化河南与"一带一路"沿线国家或城市在文化旅游方面的合作开发，让全域旅游结出新的硕果。

4.以机制体制变革创新自贸区旅游业发展新模式

抓住自贸区扩大发展的机遇，发挥自贸区的制度创新优势，积极探索旅游业发展的新体制和新机制，提升自贸区旅游业发展水平，对促进河南旅游业乃至地方经济社会发展具有积极意义。自贸区旅游业发展的主体既包括起主导作用的政府职能部门，也包括信息技术服务商、旅游项目的开发运营者以及旅行社和酒店等中介机构。通过明确各方参与主体的角色定位，积极探索市场化的合作运营机制，形成自贸区旅游业服务的新模式，不断提高旅游服务水平。政府通过制定自贸区旅游发展战略和公共服务标准体系，加强旅游基础设施建设，发挥执法检查、环境保护等公共管理职能，并根据发展目标引导社会资本参与自贸区旅游建设，以高标准的服务能力和形象增强河南旅游业的竞争实力。

5.以自贸区旅游业发展推动旅游业供给侧改革

在经济新常态和大众旅游时代二重叠合时代，河南省旅游发展面临着以改革创新为驱动，优化产业要素、丰富产品体系、壮大产业主体、提升服务水平等战略任务。河南省旅游发展应通过借助自贸区建设，加大资金政策扶持力度、加快旅游业体制机制创新、加强旅游人才队伍建设等工作力度，落实好国家支持旅游业改革与发展的一系列政策，加快旅游基础设施和公共服务能力建设，大力发展乡村旅游，充分挖掘旅游消费和投资潜力，加强旅游市场综合治理，建立权责明确、执法有力、行为规范、保障有效的综合机制，不断推进河南省旅游供给侧结构性优化和升级。

4.5 河南自贸区旅游业创新发展的重点

1.推动制度改革创新，促进区内区外联动发展

重视规划的协同与引领，与其他自贸区构建旅游合作协调机制，推进旅游合作常态化，提升旅游整体竞争力。旅游业不同于工业和一般商业服务，特别是代表竞争优势的新业态更需突破自贸区范围的限制。应将在区内注册、区外服务作为制度创新加以重视，探索设立分支机构、开展业务联动等形式，将区内旅游业开放领域的试点效应向区外释放，加快提升经济发展水平。支持将度假区、低空飞行等领域的企业纳入自贸区框架管理。借助发展全域旅游，实现区内区外旅游资源的优势互补，推动形成政府主导、市场运作、社会参与的区域旅游合作模式，调动政府、市场和社会等旅游主体参与旅游合作的积极性。

2. 加快实施旅游便利化，拓展出入境旅游市场

增加经营出境游旅行社的数量，支持在自贸区内设立的外资合资旅行社经营大陆居民出国（境）（不包括赴台湾地区）的团队旅游业务。公安局可在自贸区综合服务大厅设立出入境服务窗口，提供居民港澳旅游再次签注、外国人口岸落地签注、外国人入境签办证等服务。在自贸区内实现一口受理，本地制取签证，提高出境旅行的便利程度，也可防范出境旅行的一些风险。积极争取海关、交通、公安等管理部门进一步优化管理措施，推动人员流动便利化，实现自贸区口岸过境免签、自贸区所在省市长时间停留等更加便捷的签注措施。

3. 建设优质营商环境，发展旅游装备制造业

政府相关部门要进一步加快转变职能，深化简政放权、放管结合、优化服务，不断提高行政效能，充分激发和释放发展动力和市场活力。积极借鉴福州、厦门、上海自贸区在营商环境建设方面的成功经验，从项目引进到产业结构的调整，再到构建现代化的产业结构的升级版，都要实现国际化营商环境标准，不断提高河南营商环境的国际竞争力。2015年国家出台的《关于促进旅游装备制造业发展的实施意见》指出，旅游装备制造业具有高成长性、高知识性、高增值性等特征，产业链条长，带动作用大。借河南自由贸易区建设机遇，把旅游装备纳入相关行业发展规划，鼓励发展邮轮游艇、大型游船、旅游房车、旅游小飞机、景区索道、大型游乐设施等旅游装备制造业，鼓励企业开展旅游装备自主创新研发，按规定享受国家鼓励科技创新政策。

4. 深耕旅游金融产业链，引领旅游行业新发展

自贸区是金融创新的高地。制定和实施优惠政策，加大区内旅游业的开放力度，鼓励私募基金、民间资金、外商投资参股旅游项目的开发建设。鼓励自贸区内旅游上市企业实施资本运作，通过合资、兼并重组、引进战略投资者等多种形式，实现做大做强。探索实施新型融资方式，研究设立旅游产权交易中心，搭建资产交易平台，优化旅游资源配置。充分利用自贸区金融国际化水平高、人才集聚效应明显的特点，推动旅游金融产品创新，开拓适合旅游业特点的对外投资、融资、并购多种渠道，提升旅游产业的国际化和现代化水平。

5. 创新旅游合作机制，深化国际交流合作

通过融入国家旅游发展总体布局和"一带一路"倡议，积极与"一带一路"沿线国家签订旅游合作框架协议、旅游合作备忘录等整体性协议；强化与周边省市区合作，在互联互通、市场开发、信息共用等领域形成合力；加强与河南铁路局的全面合作，推进高铁站点旅游咨询、集散和服务设施建设，推出"高铁+景区门票"、"高铁+酒店"的高铁快捷旅游线路和产品。鼓励开封、洛阳片区先行先试，探索国际会展便利化措施，提升展会服务水平，吸引更多具有国际影响力的展会汇聚河南，打造设施完善、服务优良的国际商务会展旅游目的地品牌。

4.6 河南自贸区旅游业发展的政策建议

1. 完善产业政策，做好顶层规划

一是设立河南自贸区旅游运营中心或办公室，统筹自贸区旅游事宜，推动旅游产业发展制度创新和改革开放。二是争取国家部委、省、市政府政策支持，制定促进自贸区旅游产业发展措施，每年安排旅游发展专项资金支持旅游规划、项目策划和市场推广。三是吸引外商外资企业在河南自贸区投资创业，对外商外资企业在自贸区投资创业的经营场所要求、营业设施要求和最低注册资本要求比照大陆企业实行，对自贸区旅游企业减按15%的税率征收企业所得税。四是编制河南自贸区旅游产业发展规划与建设方案，出台河南自贸区旅游企业扶持办法，突出规划引领，加大产业扶持力度，允许自贸区内注册企业，区外经营或试点运营等特殊扶持政策。

2. 推动制度改革创新，优化营商环境

一是转变旅游行政管理职能，进一步简政放权，完善行政权力清单和责任清单管理，提高行政审批效率和行政服务水平，提升现有办事窗口的办事水平。二是打破现有不科学、不合理的体制机制束缚，简化程序、透明制度、规范管理、减少限制，畅通网上事项办理，实现自贸区旅游投资贸易自由化、便利化。三是建立综合监管和联合执法工作机制，健全事中事后监管体系。四是复制落地其他自贸区旅游行业系统的成功探索经验与好的做法，赶超其他自贸区旅游产业发展水平。五是创新自贸区旅游产业发展政策和体制机制，破除河南旅游业发展的顽疾痼症和制约瓶颈，提升河南旅游业整体发展水平。

3. 加强招商引资，加大政策扶持

一是出台旅游投资促进措施，借助自贸区发展的利好形势，营造促进旅游投资的环境。二是扶持一批旅游众创众筹企业，鼓励开设旅游众创空间、创客基地，实施众筹旅游项目，吸引社会各界投资自贸区旅游事业。三是调动和发挥旅游企业的主体作用，培育旅行社业和文创旅游产业，围绕食、住、行、游、购、娱六大要素，扩大有效供给，培育新的旅游消费热点。四是对旅行社招徕国际游客进行补贴和减税减负，对淡季游客实行门票减免和直补政策，大力发展反季节旅游。五是对自贸区内旅游企业实行创新创业奖励、税收返还、办公场地改造和租金补贴、贷款担保补贴等一系列优惠政策，培育旅游企业发展。

4. 推进重大项目建设，促进产业聚集

一是推进重大项目建设，重点推动旅游一站式审批服务中心、旅游文创产业园区、旅游商品创新基地、旅游产业创客基地、旅游产业孵化基地、旅游购物综合体、旅游跨境电商O2O体验中心、免税商品交易展示中心等项目平台建设。二是实施旅游龙头企业促进计划，积极引进国内外知名旅游企业集团参与旅游资源开发和产业整合，积极吸引外资成立合资旅游企业，积极鼓励自贸区内酒店、旅行社等旅游企业通过资源整合、相互参股等方式做强做大。三是结合新农村建设和农业示范区的创建，完善农家乐基础设施和配套设施建设，深入挖掘乡村文化内涵，促进乡村旅游提档升级。四是依托新型城镇化建设，推进建设若干集观光、休闲、度假、养生、购物等功能于一体的特色旅游城镇和特色景观旅游名镇。五是培育一批"互联网+旅游"领军企业，强化与在线OTA旅游企业合作，规范发展在线旅游业务。六是挖掘地域文化特质，突出文化创意设计，精心策划一批旅游项目，引导开发特色休闲娱乐产品和文化演艺项目，鼓励本土特色文化和传统工艺商品化，优化旅游商品结构，推进产业集聚。

5. 加强区域合作，实现资源共享

一是成立自贸区战略合作联盟，与国内其他自贸区开展战略合作，自贸区企业共享自贸区优惠政策，发挥协同效应。二是与上海自贸区合作，大力发展国际金融贸易、国际会展、电子商务和旅游装备制造业。三是与广东自贸区合作，发挥中医中药优势，推进国际医疗旅游产业融合发展和旅游休闲健康产业发展。四是与福建自贸区合作，互送客源，吸引福建客人和台湾客人来河南寻根问祖，组织河南居民赴榕赴台旅游观光休闲度假。五是与天津自贸区合作，引进中外合作教育机构和外商独资经营性职业技能培训机构进驻洛阳市场，加快河南教育培训业国际化发展。六是与陕西自贸区合作，发挥文化旅游资源优势，推进"一带一路"沿线国家旅游合作，重点打造国际文化旅游目的地。

6. 拓展入境旅游市场，规范出境旅游秩序

一是发挥河南自贸区政策红利，坚持扩大开放，创新体制机制，吸引外商投资，成立中外合资旅行社或外商独资旅行社，开展互利合作。二是加快航空口岸解禁步伐，加强与国内国际著名旅游城市和"一带一路"沿线城市战略合作力度，在合作城市航线互通，客源共享，带动郑州片区的国内国际航线发展。三是完善服务体系，强化宣传促销，依托自贸区经贸文化交流平台，动员各方面的积极力量，大力开发欧洲、北美、澳新、俄罗斯、印度等新兴市场，积极培育南美、中东、非洲等潜在市场，促进入境旅游持续健康快速发展。四是加强出境游名单审核，严把出境关，净化出境旅游市场秩序。五是健全安全应急预案，加强导游领队教育和管理，妥善处置合同纠纷及各类突发事件，杜绝境外甩团、境外滞留、诱骗购物等事件发生，保障公民出境游的安全和合法权益。六是引导游客尊重旅游目的地国家的风俗习惯，确保出境游客认真遵守《中国公民出境旅游文明行为公约》，维护国家形象。

7.推进保税商品展示交易，大力发展旅游装备制造业

一是建设集国际进出口商品保税、展示、体验、交易和跨境电商功能于一体的国际商品展示交易中心和大型O2O进口商品保税体验店。二是利用保税物流中心的政策优势、地理优势、实体优势，采用跨境电商网购保税模式，建设跨境电商综合服务平台，给河南及周边省市消费者提供手续简便、保质保真而且价格便宜的进口产品。三是发展旅游房车、旅游小飞机、景区索道、大型游乐设施等旅游装备制造业，支持有条件的企业兼并收购国外先进旅游装备制造企业或开展合资合作。四是鼓励企业开展旅游装备自主创新研发，培育具有自主品牌的休闲、登山、滑雪、潜水、露营、探险等各类户外用品。五是利用旅游装备制造业推动河南装备制造产业结构升级，培育新的经济增长点，促进河南经济调结构、转方式、稳增长。

8.实施精准营销，提升品牌形象

一是以"老家河南"为统揽，坚持整体形象推介与旅游产品营销并重，利用多语种网站、电子杂志、会展数据库、新媒体、社交网络等载体，扩大河南旅游影响力。二是强力宣传造势，在央视及其他重要电视网络广播等主流媒体进行推广，深化对港澳台地区和"一带一路"沿线国家媒体投放和宣传推介力度，邀请国内国际知名旅行商、主流媒体以及港澳台地区媒体来河南踩线，在机场、铁路、集散中心、高铁沿线节点城市和重点旅游客源地城市拓展推广渠道，展开密集宣传，增强国内国际影响力。三是强化精准营销，善于利用大数据和互联网思维，精准分析和把握重点客源市场、新兴市场游客多样性、多层次的旅游消费需求，细分游客群体和时间节点，开展针对性、适应性、灵活性强的旅游营销活动。四是加强与携程、同程、途牛等国内国际旅游电商和网络企业合作，加强网络和新媒体营销，提高营销实效。五是强化整合营销，加强"老家河南"旅游品牌内涵和外延建设，推动河南旅游形象标识进景区、酒店、社区、学校和各类服务窗口，形成全民营销格局，联合宣传、文体、商务、招商等相关部门，借助出访来访、节庆会展、演出赛事开展河南旅游主题推介活动。

9.加强人才引进，加快人才培养

一是联合省、市相关机构和旅游高等院校建立自贸区旅游决策咨询高端智库，为自贸区旅游产业发展献计献策，提供智力支持。二是从国内国际引进自贸区旅游人才，吸引港澳台和国外旅游从业人员来自贸区创业就业，对来河南自贸区创业就业的港澳台和国外旅游人才给予特殊政策、住房补贴和交通补贴。三是定期举办自贸区旅游经营业者、领队、导游人员、景区讲解员培训，提升自贸区旅游从业人员综合素质和业务技能，提升旅游服务品质。四是与河南旅游高等院校合作，在自贸区建立人才培养基地与人才培训基地，加强自贸区旅游人才培育。

参考文献

黄阵仙，席文，陈晓丹.2016.基于福建自贸区视角的涉外旅游人才培养研究[J].河北工程大学学报（社会科学版），1：114-116.

江金波.2016.自贸区背景下中国旅游业发展的新动态[J].华南理工大学学报（社会科学版），2：1-8.

刘薇.2013.中国-东盟自贸区的建立对中国旅游服务贸易的影响[J].江苏科技信息，2：1-2.

李馨.2012.中国-东盟自由贸易区旅游合作探析[J].经济纵横，4：34-36.

田纪鹏，刘少湃，蔡萌.2015.自贸区与文化产业发展：上海问题与国际经验[J].上海对外经贸大学学报，2：4.

杨素梅.2017."一带一路"倡议下珠三角港航产业的发展战略选择[J].港口经济，5：32-36.

余萍.2017.自贸区发展背景下河南产业发展的路径选择[J].对外经贸，4：79-84.

肖长培.2016.福建自贸区旅游的特色，瓶颈与路径创新[J].福建论坛：人文社会科学版，11：187-190.

徐春祥.2014.推进中日韩自贸区建设是中国在亚洲唯一区域战略选择[J].东北亚论坛，3：22-25.

第5章

中国（河南）自由贸易试验区框架下 2016—2020年区域互联网+产业发展研究

5.1 区域互联网+产业发展趋势分析——以洛阳为例

5.1.1 洛阳互联网+产业发展现状及面临的形势

根据河南省统计局数据显示：2016年洛阳市生产总值达3782.9亿元，同比增长8.6%，高于全省平均水平0.5个百分点，增速全省第三，实现了"十三五"良好开局。同时，紧跟国家发展步伐，最近十多年来，GDP增长速度逐年下降，其中2013年下降明显，增长率为7.2%（如图5-1所示）。

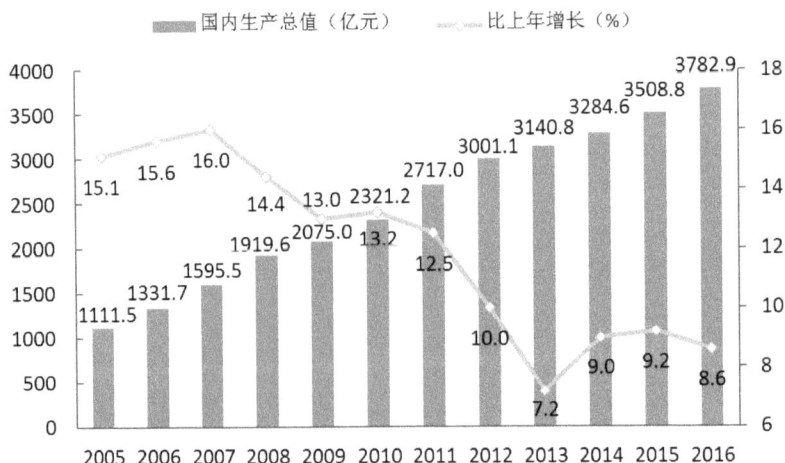

图5-1 2005—2016年洛阳国内生产总值及其增长率

2016年洛阳社会固定资产投资为4082.7亿元，比上年增长15.4%。由于受到供给侧改革等政策的影响，近几年固定资产投资逐年放缓（如图5-2所示）。

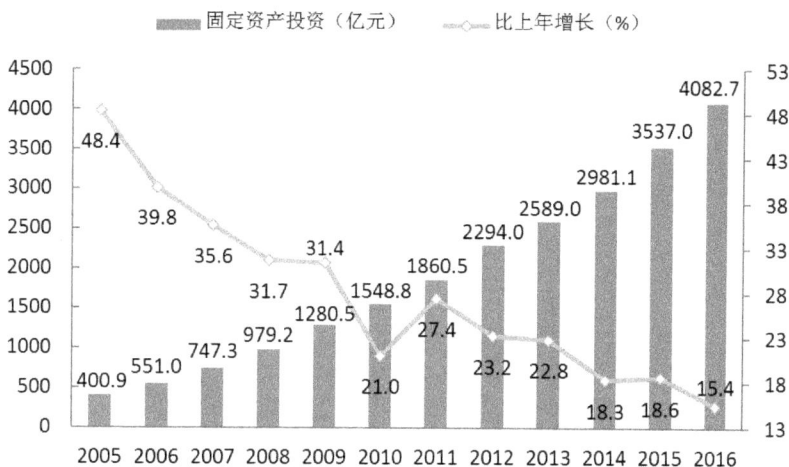

图5-2　2005—2016年洛阳固定资产投资及其增长速度

根据固定资产投资中各行业的增长率变化情况分析，工业和建筑业增长率下降最为明显。其中，建筑业出现负增长。而信息技术行业则增长明显，说明洛阳市固定投资在互联网信息方面投资力度不断加大（如图5-3所示）。

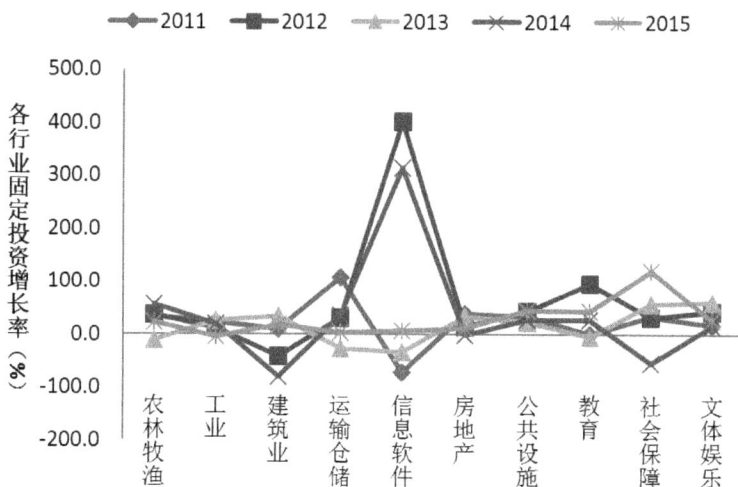

图5-3　2011—2015年洛阳固定资产投资中各行业增长率

纵观洛阳市的产业结构演变情况，结合图表分析，可以看出洛阳市的产业结构调整符合国家宏观经济的发展要求和工业化、城市化进程的需求。在这10多年的时间，产业结构调整的时期性特征较为明显，呈现为工业经济壮大，农业占国民经济比重较大幅下降，第三产业平稳快速发展（如图5-4所示）。

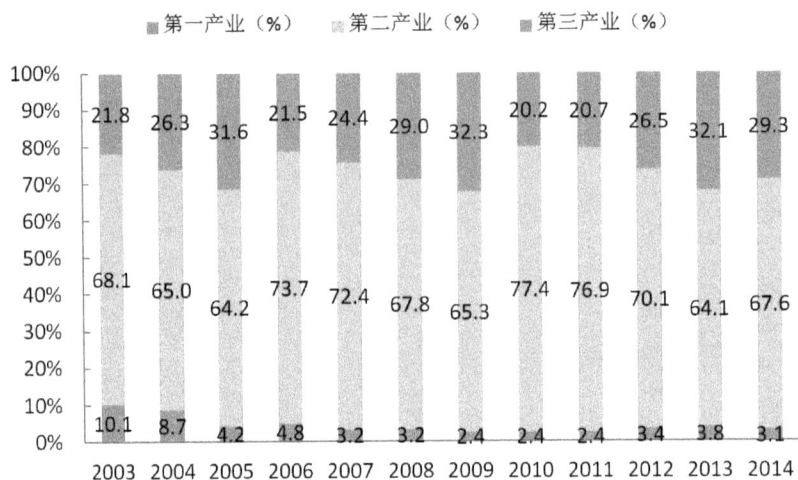

图5-4 2003—2014年洛阳三产业对经济增长的贡献率

近几年，经济下行，作为老工业基地的洛阳市的压力尤甚。2014年经济增速一度下滑至全省倒数第二，结构调整迫在眉睫，经济增长急需动能转换。传统产业既是整体经济的支撑，也是未来发展的财富。但在结构性矛盾与周期性压力的双重影响下，长期积累的问题和短期存在的困难交织叠加愈发突出（如图5-5所示）。

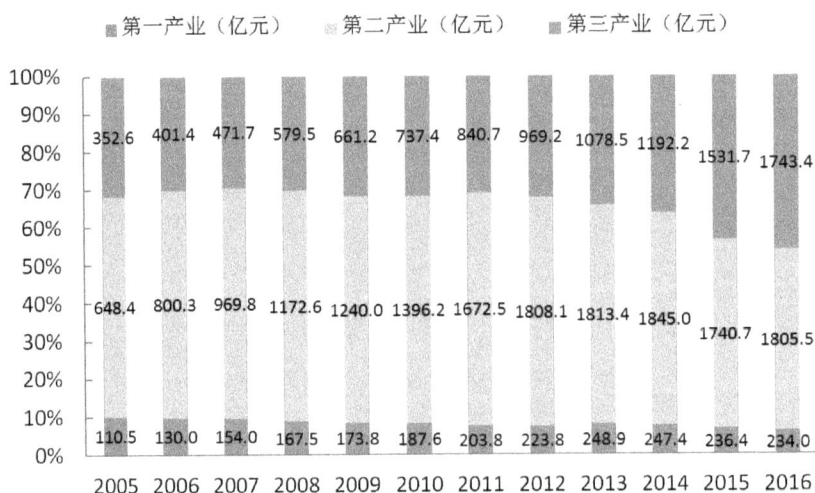

图5-5 2005—2016年洛阳三次产业增长值变化情况

1.洛阳产业发展现状

一是产业结构不优。洛阳工业企业大而不强，全市二产占生产总值的比重接近50%，传统型、资源型、初加工型产业占工业的比重达到61.5%，主导产业主要集中在"两高一资"领域、加工制造环节。

二是质量效益不高。2015年，洛阳市工业平均利润率仅为3.16%，低于全国5.8%的平均水平。全市规模以上工业企业亏损的有138家，亏损额68.8亿元。

三是经济增长新动力不足。洛阳创新体系亟待完善，高技术企业增加值占比小。2015年底，高技术企业工业增加值45.4亿元，仅占全部工业增加值的3.28%。服务业领军企业数量少，带动力不足。全省百家服务业领军企业中，洛阳只有6家，服务业增速居全省第13位。

要解决经济困境，需要的是综合施治的治本良方，在调整产业结构的同时，释放经济活力，为经济增长培养新动力。

2.洛阳互联网+产业发展现状

2013年《洛阳市互联网行业发展报告》（本节简称《报告》）显示，洛阳互联网行业发展迅速，截至2013年6月底，洛阳网民规模达到445万人，网民渗透率为67.9%。其中手机网民规模为363万人，网民渗透率为67.9%，高出全省平均水平1.8%。全市光缆线路总长度达到8.3万公里；移动电话基站有1万个，其中3G基站有5343个；互联网宽带接入端口总数为209万个；网络出口带宽为610G。与省网络基础设施的建设水平相比，各项设施建设稍显不足。

《报告》指出，洛阳电子商务发展迅速，交易额连年大比例增长，年增长幅度近100%。2012年，洛阳电子商务零售总额为62亿元，占全市2012年零售总额的6.2%。电子商务主体数量从2010年的2200家增长到了2013年6月的5500家。但龙头企业数量偏少。

电子商务的快速发展，也带动了洛阳物流业的发展，其以每年翻一番的速度保持增长。2012年出港量为621万件，2013年上半年出港量为475万件。与此相对应的是2012年进港量为1351万件，2013年上半年进港量为1095万件，贸易逆差分别为1.2倍、1.3倍。

截至2014年6月，洛阳市网民规模达到607万户，比上年同期增长36.4%，其中互联网宽带接入144万户，移动互联网接入463万户。2013年洛阳电子商务零售总额为93亿元。

2015年，洛阳市固定宽带用户为166.9万，固定宽带家庭用户为110.6万，洛阳市固定宽带家庭普及率已达60%，同比增长11.6%，其中城市地区固定宽带家庭普及率为79.1%，同比增长7.4%，农村地区固定宽带家庭普及率为39.5%，同比增长54.3%。2015年上半年，洛阳市电子商务交易额685亿元，同比增长37%，电子商务网络零售总额91亿元，同比增长59.6%。

全市规模以上快递服务企业23家，日平均出港包裹6万余件，日平均进港包裹12万余件，业务量累计完成1535.75万件，同比增59.65%，快递服务企业业务量累计在全省排名第二位；业务收入累计完成1.77亿元，同比增长45.08%，业务收入累计在全省排名第二位。

截至2016年6月底，洛阳互联网出口宽带为1690G，全市光缆线路长达12.5万公里，互联网宽带接入端口为46384万个。电子商务零售总额为98亿元，电商企业3万家，网商经营主体达到5500家。

5.1.2 洛阳互联网+产业发展优势与挑战

1.互联网+产业的发展优势

（1）历史文化优势

洛阳共经历过十三个王朝，是世界历史文化名城，是华夏文明的重要发祥地，是道家文化的创始地、儒家文化的发源地、佛教文化的首传地、帝都文化的荟萃地、牡丹文化的中心地、丝绸之路的东方起点和隋唐大运河的中心，拥有深厚的历史文化底蕴和独特的人文魅力，在洛阳建都所产生的夏商文明、隋唐文明在我国历史长河中璀璨若星璨，具备发展文化旅游等产业的丰富人文历史资源。

（2）区位交通优势

区位条件对于区域经济的发展有很重要的作用，条件越优越，对于地区的发展越是有优势。洛阳机场位于市区西北10公里处，设施完备，现有洛阳至广州、成都、大连等多条国内航线，非常方便。洛阳市内有陇海铁路横穿全市，陇海线东可到西安、西可到郑州、开封；南北方向有焦枝铁路纵贯全境，南可到湖北襄樊等地。

（3）文化旅游资源

洛阳的文化旅游资源算是洛阳的一大特色。洛阳是中华民族文化的摇篮，《道德经》《汉书》《资治通鉴》等俱在此著成，龙门石窟为中国三大石刻艺术宝库之一。从河图洛书到春秋时期，孔子和老子在此探究礼义；汉代，张衡在此发明地动仪，写下《二京赋》；六朝时期，这里出现了建安风骨、竹林七贤；唐代，李白和杜甫在此把酒论诗，白居易和元稹在此互相唱和；宋代，司马光在这里修成《资治通鉴》。值得一提的还有国花牡丹。洛阳的气候和土壤很适合牡丹的培育，所以洛阳的牡丹花很有名气，牡丹历来被誉为"花中之王"。每年4月15日的牡丹花会已经成为洛阳文化、经济交流的盛会。洛阳市旅游景区获得等级的有18个，其中龙门石窟景区为5A级；嵩县白云山国家森林公园、栾川重渡沟风景名胜区、龙峪湾国家森林公园、鸡冠洞风景名胜区、白马寺院、关林景区为4A级，占河南省4A级景区总数的12.77%；3A级景区8个，占河南3A级景区总数的32%；2A级景区1个。

（4）工业资源优势

大中型骨干工业企业集中，是洛阳的一大特色。现有5000多家独立核算工业企

108

业，拥有机械电子、石油化工、冶金、建材、轻纺、食品等6大支柱产业和东方红拖拉机、洛阳浮法玻璃、大阳摩托、HJD04程控交换机、白马棉纱、牡丹铜材等一大批国际国内名牌产品。洛阳先后被命名为"中国制造业名城"、"新材料国家高技术产业基地"。洛阳是航空航天领域企业的集中地，同时也是众多中央企业驻地。

（5）政策和市场环境

"互联网+"是当前经济领域的新热点。在经济新常态下，洛阳市委、市政府高度重视信息产业发展，不断发挥工业基础优势，汇聚信息产业资源，强化信息产业招商，信息产业呈现出持续上升的发展态势，"互联网+"已成为促进洛阳传统产业转型升级、新兴产业加速培育、惠民服务水平提升的重要推动力。

近年来，洛阳市委、市政府大力发展信息产业，提高城市信息化水平，努力缩小与信息化发展较快地区的差距，致力于把洛阳打造成为中西部地区信息化强市。为进一步加强对信息产业发展的领导，成立了洛阳市加快信息化发展工作领导小组，并由市委书记亲任组长。

为更好地指导产业发展，邀请行业顶尖设计单位编制了《洛阳市信息产业发展规划》《洛阳市电子信息产业行动计划》等相关文件，并相继出台了《关于大力推进信息化工作的决定》《关于实施信息服务业培育工程的意见》等一系列加快信息服务业发展的政策。2013年起，市财政每年从产业优化资金中安排1亿元作为市级电子信息产业专项资金，用于支持信息化建设和信息产业发展，以兑现各项优惠政策。

认真贯彻落实国家和省关于加快推进"两化"融合的一系列政策措施，为企业走"两化"融合的道路提供了有效保障。积极组织企业参与示范企业评选，一拖集团被评为国家"两化"融合示范企业，中信重工、洛阳LYC轴承有限公司、北方易初等7家企业被评为省级"两化"融合示范企业。

2013年1月，洛阳市选择以新区为代表成功申报国家住建部首批智慧城市试点，随着"互联网+智慧城市"的建设，推进全市各项益民服务不断提升。除此之外，洛阳还先后入选国家电子商务示范城市、国家信息惠民试点城市、"宽带中国"示范城市、国家信息消费试点城市等一系列试点示范，为"互联网+"发展提供了机遇。

洛阳市委、市政府一向重视电子商务和物流快递业的发展，通过规划引导、培育引进、深化应用、营造氛围，推动全市电子商务与物流快递业的蓬勃发展。

2.发展面临挑战

洛阳作为二线城市，经济的发展优势相对一线城市较弱。同样，在互联网+产业发展方面也面临着一些压力和挑战。一是资金缺乏，由于受到区位的影响，洛阳互联网+产业没有大的企业，目前主要是国内一些大的电商企业在洛阳开展电商业务，还没有形成产业链条。同时也缺乏互联网+产业发展的投资环境，没有大的资金方投资洛阳。二是技术和人才紧缺，虽然地方的许多企业想开展互联网相关业务，但人才相对紧缺，无论是技术人才，还是营销、管理人才，都跟不上市场的需求。

5.1.3　洛阳互联网+产业发展方向

1.推进产业人才培养，打造互联网+人才基地

区域互联网+产业的发展，必须以互联网+教育为切入点，培养本地化"互联网+"人才，才能推动区域产业的发展。

产业人才的培养可以以地方院校（职教中心）为依托，通过专业共建、合作办学等人才培养模式，为地方培养输送"快成长、能留下"的"互联网+"应用型人才；也可以通过本地区内"互联网+"领域的社会培训，针对性地培养电子商务人才，促进地方传统产业转型升级及农村电子商务产业发展。以"互联网+"人才培养带动当地产业发展，搭建从专业共建、人才培养、实习实训、就业创业为一体的人才培养解决方案，顺应时代潮流打造区域经济发展新引擎。

坚持"人才优先发展战略"，加快实施"河洛英才计划"，完善人才引进、培养、使用机制，充分激发各类主体的创业激情、创新潜能和创造活力，切实发挥人才对建设中原经济区副中心城市的支撑作用。

2.提升改造传统产业，建设特色产业集群

抢抓中国制造2025、"互联网+"行动计划、"一带一路"、河南省先进制造业大省建设行动计划等重大战略机遇，突出自主创新、承接转移、集约集聚、改造提升、龙头带动，大力发展先进装备制造、高端石油化工、电子信息、新材料等主导产业，积极发展生物医药等新兴产业，实现工业结构向产业链和价值链高端转变，推动"洛阳制造"向"洛阳智造"转型，支撑洛阳工业倍增和转型升级，推动老工业基地焕发新活力。

洛阳的工业基础雄厚，洛阳拖拉机、洛阳轴承、洛阳玻璃等工业曾经为洛阳经济发展贡献巨大，在"互联网+"行动以及中国制造2025的背景下，加快推进制造技术、互联网技术和智能技术的融合集成，鼓励和支持企业由设备供应商向系统服务商转变，加快形成一批规模化、系统化、专业化的装备制造产业集群，实现装备制造业做大做强，建设具有国际先进水平的装备制造产业基地。

3.挖掘洛阳特色资源，推动文化旅游发展

充分发挥洛阳历史文化、旅游资源和生态环境优势，以延伸产业链为主线，结合互联网技术，推动文化旅游向观光旅游、健康养生相融合的产业发展模式的转变。建成国际知名的文化旅游休闲胜地，集康复保健、养生养老、旅游休闲、教育培训为一体的健康服务基地。

实施精品文化旅游项目工程，打造富有特色的系列旅游产品。充分挖掘伊河、洛河、黄河、小浪底等资源，打造北方水上旅游品牌。目前，洛阳的牡丹文化已经形成，每年的4月15日既是洛阳牡丹国际化旅游节日，也是洛阳牡丹文化经济交流的盛会。未来几年，可以在万安山开发道家文化交流活动、在白马寺开发佛教文化交流活动、在明堂开发帝王文化交流活动等。将互联网与洛阳的历史文化充分结合，发挥洛阳历史文化的深厚价值，推动洛阳经济全面发展。

4.发挥龙头企业优势，构建产业链矩阵

以当地特色产业为依托，在充分利用已有的产业梳理成果和正在开展的工作基础上，重点围绕主导产业、传统优势产业、现代服务业和战略性新兴产业，深入研究分析产业发展现状，提出产业链需求和潜在的合作对象，策划生成一批重点特色项目。

现代农业领域。重点支持在生物育种、智能农业、农机装备、生态农业、优势农业、节水农业、特色农业以及高产高效栽培、重大病虫害防治、禽畜疾病防控等10项关键技术方面进行开发、推广和应用。

"洛阳智造"领域。重点支持智能装备、功能材料、新能源汽车、工业机器人、电子信息等50项关键技术进行开发、推广和应用。

现代服务业领域。重点支持物流信息平台、三维动画、物联网、云计算、工业设计等10项关键技术的开发、推广和应用。

基础产业领域。重点支持煤层气开发利用、余热余压余能综合利用、交通运输智能化、水资源循环利用等10项新工艺、新装备的开发、推广和应用。

5.顺应产业交叉融合，搭建产业协同发展平台

顺应产业交叉融合、跨界联系的新趋势，抢抓"互联网+"行动计划实施的新机遇，大力实施产业融合发展工程，推进工业化与信息化融合、三次产业融合发展、文化创意和设计服务与相关产业融合，培育产业竞争新优势，实现产业发展新突破。

制定实施洛阳"互联网+"行动计划，加强信息技术对传统产业的升级改造，深化信息技术在研发设计、生产制造、营销管理、回收再利用等产品生命周期各环节的应用。促进互联网、云计算、大数据、物联网与现代制造业融合，开展数字车间、智能工厂、智慧园区试点示范，打造一批网络化协同制造公共服务平台，加大信息技术在研发、设计、生产、销售、服务等环节的广泛应用，促进电子商务、工业互联网和互联网金融健康发展，引导互联网企业拓展国际市场。

5.2 2016—2020年区域互联网+产业发展趋势分析

5.2.1 区域互联网+产业未来发展预测分析

近年来，我国在互联网技术、产业、应用以及跨界融合等方面取得了积极进展，已具备加快推进互联网+产业发展的坚实基础，但也存在区域传统企业运用互联网的意识和能力不足、互联网企业对传统产业理解不够深入、新业态发展面临体制机制障碍、跨界融合型人才严重匮乏等问题，亟待加以解决。在此关键时期，对区域互联网+产业发展方向及投资机会的研究具有现实意义。

1．政府推动区域互联网+产业的落实

区域互联网+产业的发展对地方经济的促进作用明显，各地政府都会提出建设主方案，然后招标或者外包给能够帮助企业做转型的服务型企业去具体执行。在今后长期的实施过程中，政府将扮演一个引领者与推动者的角色。

一是发现那些符合产业政策并且做得好的企业，将其树立为区域产业龙头企业，发挥模范带头作用，并辐射周边产业发展。

二是挖掘那些有潜力的企业，建立区域互联网+产业集群，形成规模优势，带动地方经济发展。

三是结合各地的特色优势，建立具有区域特色的互联网+产业园及孵化器，融合当地资源，打造一批具备区域特色的互联网企业。

四是引进"互联网+"技术，包括定期邀请相关人员为当地企业培训"互联网+"相关技术知识，以及对在职员工的再培训等。

五是资源对接，与国内各大互联网企业建立长期的资讯、帮扶、人才交流等关系，在交流中让互联网企业与传统企业相互了解，便于进一步合作。

2．互联网+服务商崛起

由于互联网+产业涉及大数据、云计算等中小企业无法涉足的领域，未来会出现一大批在政府与企业之间的第三方服务企业，这些企业可能会以互联网企业为主，部分传统企业也会逆袭成为互联网+产业的服务商。它们本身不会从事互联网+传统企业的生产、制造及运营工作，但是它们会帮助线上及线下双方的协作。更多的是做双方的对接工作，盈利方式则是双方对接成功后的服务费用及各种增值服务费用。

这些增值服务可能会是培训、招聘、资源寻找、方案设计、设备引进、车间改造等。初期的互联网+服务商是单体经营，后期则会发展成为复合体，不排除后期会发展成为纯互联网模式的平台型企业。第三方服务涉及的领域有大数据、云系统、电商平台、O2O服务商、CRM等软件服务商、智能设备商、机器人、3D打印等。

3.互联网+产业相关职业培训兴起

政府及企业需要更多懂"互联网+"的人才，关于"互联网+"的培训及特训的职业线上线下教育会爆发。在线教育领域，职业教育一直是很火的教育类型，同时市场份额也占的比较大，每年都会有很大的增长。针对"互联网+"职业教育，可以具体细分到每个工作岗位的具体工作。其实这些培训还是互联网企业的职位，传统企业想改变企业架构，需要配备更多的专业技能职工。"互联网+"职业培训面向两个群体，一是对传统企业在职员工的培训，二是对想从事该行业的人员的培训。

"转型红利"期的第一个热门职业会是"互联网+"技术。由于社会及行业的需要，会催生大量的专业技术从业者。这个职业群体的构成会是成熟的技术人员及运营人员，更多的是通过培训上岗的人员。从事互联网+服务商的工作，要求每一个人都有整体规划性思路，能够根据"互联网+整体解决方案"做事，然后再进入一个具体而擅长的领域，譬如运营、技术等，通过专业领域的不断学习，将专业水准延伸到线下的传统企业中。甚至，互联网+服务商要为每一个企业配备数个服务代表，为企业提供一对一的服务。

4.生态型电商崛起

在电商方面，生态型电商会广受关注，包括大型平台及地方平台，这些平台会专门成立独立的"互联网+"服务公司，深入到企业内部。对于传统企业而言，在初期的转型实操上，更多企业会选择加入一个平台或者生态。一来可以从平台或者生态上积累部分资源并学习其运营模式，二来可以避免自搭平台运营失败的情况出现。加入平台或生态，也能更好地认识自身的资源优势与不足，通过与其他商家合作，了解整体产业链布局，建立格局观。这有利于传统企业找到转型突破点，以后才能以点代面，才能发展成为一个生态。当然，平台或生态不只是线上的，线下的资源整合到一定程度，也能催生出平台。更多的平台或者生态出现以后，"互联网+"要做的只是生态与平台的连接，促进行业的整体升级。

5.供应链平台更受重视

供应链平台会成为重中之重，专门设计和研究供应链的商家会成为构成传统企业新商业模式主架构部分的服务者，这是每一个接受"互联网+"的企业应该遵循的。企业及行业转型的根本是供应链的互联网化，也是供应链的优化与升级。对于一个传统企业来讲，人员架构可以变得像传统企业一样扁平，技术人员也都可以配齐，考核制度也可以效仿互联网企业，但是更底层的供应链改造是个非常困难的问题。

供应链涉及物流、现金流等各种维持企业运营的重要因素，很多传统企业在现在看来根本无法改造。传统供应链模式相对效率低下，互联网化以后的传统企业必定会受其拖累。因此，"互联网+"要求有一部分专门研究供应链设计及改造的专业人才站出来，为广大需要转型升级的企业服务。

6．O2O会成为互联网+产业首选

O2O将会大受重视，O2O已经成为当前商业领域都在探讨的话题，只是O2O不算商业模式，只是一种形式，广大传统企业可以借用这种方式进一步改造原有的商业模式。同时，作为连接线上及线下的新商业形式，会成为当前广大传统企业的首选，O2O相关的资讯公司及研究单位会受重视及热捧。

O2O作为专业研究线上线下相连接的一种商业形式，目前很多传统的企业尤其是手工业已经从中找到了适合企业发展的模式，同样，互联网+产业也能从O2O的发展中找寻到自身发展的模式。大量O2O企业的案例可以为传统企业转向提供经验，也可以为互联网企业融合传统企业提供思路。接下来，O2O会是每个传统企业的必修课，也是线上企业必须研究的课题。

7．创业生态及孵化器深耕"互联网+"

2015年是孵化器的整合元年。同时，孵化器在接下来的发展中，将主推"互联网+"，传统企业融合"互联网+"的新模式企业将会与高新产业一样受到孵化器的重视。"互联网+"被作为政策推出来的另一个原因，是当前处于全面创业时代，大部分创业项目或多或少都与移动互联网相关。智能硬件、在线教育、O2O等领域创业项目的火热，间接推动了新材料、传感器、集成电路、软件服务等行业的兴起，这些领域同样也出现了足够多的创业项目。

孵化器在发展过程中将主推"互联网+"，传统企业融合"互联网+"的新模式受到普遍重视。此外，围绕互联网的创业项目逐步形成生态链，智能硬件、在线教育、O2O等领域的创业项目间接推动新材料、传感器、集成电路等行业的兴起，产生一系列的创业项目。创业项目之间围绕着移动互联网，由政府牵头推出"互联网+"政策，在政策的激励下，传统意义上的创业项目也越做越好，使得创业行业得到升级。此后，各地的孵化器将会逐渐主推"互联网+"项目。

8．部分互联网企业快速落地

"互联网+"虽然更多的是互联网与传统企业的融合，但是其实很多互联网企业也在寻求切入传统市场，这些企业也需要转型。最鲜明的例子就是当前数以万计的手机应用，这些App肢解了PC互联网的市场，短时间内积累了超过千万甚至上亿的用户，但是缺乏更好的商业模式。可能用户很多，活跃度也很高，但就是无法直接变现，或者用户的消费能力太差。基本上每一个App都是某个行业或者其细分领域的代表，在线上

无法解决盈利问题的时候，这些商家都有落地线下的趋势。如唱吧正在尝试自己做KTV以及与线下KTV合作，2014年开始，墨迹天气开始与做硬件的商家合作推出空气检测及空气净化的硬件。

如果说过去是互联网企业主动找传统企业，谈及的条件等方面会非常被动，"互联网+"则会让传统企业主动找互联网企业。譬如在"治霾"这个问题上，污染严重的制造业以及传统检测设备的商家可能都会找到互联网企业，以提供整体解决方案及产品合作方案。"互联网+"政策能够促成过去这些商家做不到或者不敢想的事情，这也算是将来一个趋势。

5.2.2 2016—2020年区域互联网+产业供需预测

1．2016—2020年区域互联网+产业供给预测

近些年很多国内企业在企业级芯片领域已经占据了一席之地，不管是低端产品还是高端芯片领域，均已经能够看到国产芯片的身影，并且随着与国外一些芯片厂商的战略合作、技术联盟，国内芯片产品的研发速度、研发实力等方面也得到了很大的提升。

目前各大芯片厂商以及通信运营商都在积极投入研发资源，迎接第五代通信技术（5G）的到来。5G时代，将以高速且无处不在的连接，真正实现万物互联。作为物联网流量的路口，智能手机在5G时代将会有着新的发展。

其一，海量终端的互联，对于连接速率提出了更高的要求。对比4G商用网络百兆量级的峰值速率，5G的数据速度可能会达到5Gbps或者10Gbps，每个用户也都能享受到百兆甚至千兆级别的传输速度。由此，就需要芯片的传输速度得到质的飞越。通常传统的芯片采用半导体中电子的流动传递信号，速度始终存在极限；而随着光通信技术的成熟，越来越多的芯片设计、制造厂商开始采用光通信芯片。2015年，光通信芯片市场增长4%，未来5年的复合年增长率达8%，到2018年，光芯片及其封装器件市场将达到105亿美元。光传输市场仍然是其最大的市场，数据中心市场增长最快，将以22%的复合年增长率增长，2018年将达45亿美元。

其二，芯片设计的细分。近年来，智能手机在完成基础通信和数据传输功能的基础上，添加了许多新的功能，例如快速充电、指纹识别、高清拍照、语音识别等等。这就对手机芯片中负责处理多媒体功能的应用处理器提出了更多的要求，越来越多实现不同功能的模块要求集成在应用处理器芯片中，其设计难度将会越来越大，工作量也会剧增。因此，在芯片设计领域就开始细分，一大批专注特定功能的芯片设计公司得到了迅速的发展。

2. 2016—2020年区域互联网+产业需求预测

以新一代信息技术应用为代表的新科技革命引起了经济社会的全新变革，新业态、新商业模式不断呈现。未来五年内，互联网+产业将推动区域产业融合，对传统产业产生颠覆性改造，并催生大量新产业兴起。

改造提升传统产业。一是信息技术应用于传统产业得到普及，提高传统产业科技水平和产品科技含量。二是传统产业的经营方式或盈利模式发生变化。三是传统产业发生裂变或演化，衍生出新的业态。

催生或衍生新产业和新业态。互联网催生许多诸如大数据行业、数据分析产业、数据分析师等新的产业和职业。衍生出许多新的业态，引起商业模式的变化。同时，引起消费方式的变革，小众化、分散化、个性化产品涌现，定制化需求得到满足，并带来生产方式的变革，信息技术嵌入生产过程，智能化提速。

与三次产业深度融合。近些年互联网经济加速发展，与三次产业的融合不断加深，极大提高了生产效率，便利了人们的生活，满足了更高层次的需求，代表了未来产业的发展趋势。

传统农业相对封闭、简单，通过互联网技术的渗透，农业与其他产业的融合度加大，农业新业态涌现。电商农业、生态信息农业开始兴旺，打破了时间、空间交易的限制，农产品实现价值增值，传统农业获得新的活力和商机。未来互联网+农业年交易额将达到5000亿元以上，且增长速度很快。

互联网与工业的融合正是我国大力推进信息化与工业化融合战略的具体体现。未来我国将按照《中国制造2025》的目标，着力推进智能制造战略，以实现生产智能化、产品智能化和营销智能化，并由此催生出新产品和新市场空间，如3D打印带来的多样化需求产品、智能机器人、无人机及无人驾驶汽车等。

互联网在服务业领域的应用更加广泛，尤其是文化、教育、会展、咨询、广告、餐饮、娱乐等服务企业，电子商务应用程度高，新模式层出不穷。

5.2.3 2016—2020年我国各区域互联网+产业发展方向

1. 东部地区：因势利导，创新引领

东部沿海地区是我国经济最发达的地区，是承接发达国家技术转移的前沿阵地，也是消化吸收先进技术的创新高地，尤其以北上广深为代表的一线城市是互联网经济发达、应用广泛、新业态丰富的地区，创客空间、众筹平台都最先兴起于这些地区。今后东部地区要充分发挥人才、资金、技术、信息等资源优势，瞄准制造业强国的目标，加大对互联网经济的研究、预测和推广，并加强与国外先进技术和文化的交流，

坚持引进与自主创新相结合，不断创新互联网经济新模式，打造以CPS为核心的智能制造业，成为新科技革命引领全国发展的先行区、示范区以及我国实现制造大国向制造强国转变的创新先导区。

2.中部地区：顺势而为，奋力崛起

中部地区具有承东启西的区位优势、纵横交错的交通网络、丰富的农业和能矿资源以及相对完整的产业体系，发展"互联网+"经济具备坚实的基础与优越的条件，随着东部地区要素资源约束趋紧，企业成本上升，中部地区凭借比较优势成为产业转移的理想承接地，表现出强劲的发展势头与潜力，已经成为资金、人才、技术的聚集高地。中部地区今后要以长江中游城市群、中原经济区、郑州航空港经济综合试验区等国家战略为契机，大力发展信息产业技术，推动互联网与其他产业融合，把握移动互联网产业发展的重大战略机遇，着重发展以移动通信、互联网和软件产业深度融合的新兴业态，如移动电商、移动教育、移动医疗、移动游戏、互联网金融等，以武汉、郑州、长沙等中心城市为重点布局移动互联产业，打造我国中部地区国际一流、国内领先的移动互联网产业集群。

3.西部地区：抢抓机遇，跨越发展

互联网不受时间、空间限制，它给区位、交通、信息地处劣势的西部地区带来了新的机遇。一是提供了全新的渠道，给品牌营销、产品营销提供了低成本线上方式。二是对传统农业的改造提升，涌现电商农业、信息农业模式创新。三是互联网金融对传统制造业的提升，大量风险投资进入实体经济。西部地区实施互联网+产业战略，要立足丰富的生态资源、农业资源和能矿资源优势，加快信息基础设施建设，构建互联网信息平台，为传统行业触网铺平道路。

4.东北地区：借力发展，振兴经济

受国内产能过剩影响，东北老工业基地经济回落明显，产业结构单一、重化工业比重偏高、体制机制僵化等一系列深层次矛盾亟待解决，而蓬勃的互联网经济也将有助于焕发东北新的活力和老工业基地振兴。要发挥东北雄厚的工业技术基础和产业工人队伍优势，借助互联网技术加大改造传统工业力度，抢抓《中国制造2025》重大战略机遇，同时紧盯产业发展未来趋势，学习德美日等制造业先进经验，在机床、汽车、航空、成套装备等制造优势领域嵌入互联网、物联网及信息技术，由传统制造模式向智能制造模式转型，由大规模生产到定制化生产的经营模式转型，最后至关重要的是要全面深化改革，重构适应区域互联网+产业的体制机制，为迎接互联网经济发展扫清制度障碍。

5.3 2016—2020年区域互联网+产业投资风险预警

互联网+产业属于战略性新兴产业，同其他行业一样，在发展的过程中也会面临投资风险。由于互联网+产业存在对传统产业的整合和自身高速发展的特性，投资过程中对风险的预警就显得非常的关键，以下几个方面是必须分析的风险预警。

5.3.1 政策和体制风险

政策和体制风险是指因政府出台新的产业政策，或对原有的科技和产业政策进行调整，以及原有政策跟不上产业发展速度，导致区域互联网+产业的经营活动不能按预定计划进行而带来的风险。具体可分为以下几点：

第一，企业外部的社会、经济、政治、法律、政策等条件发生变化，给区域互联网+产业带来产业方向和技术领域的新选择，政府对经济、科技发展的调控以及投资与金融政策的变化等，都将直接影响到风险投资资金的安全。

第二，近几年我国的互联网+产业发展非常迅速，可互联网经济基础薄弱，金融电子化水平比较低，互联网经济发展不均衡，这些问题会给互联网投资项目带来风险。

第三，网络信息的安全关系着互联网产业的发展，互联网技术的发展使得人们获取信息的速度日益加快，为大众提供了便利，但对企业的信息安全形成了巨大的威胁，如果机密信息泄露，并通过互联网传播，将对互联网市场造成巨大的风险。

5.3.2 技术发展风险

互联网+产业依托大数据、云计算、物联网等高新技术为基础，但技术本身需要不断地实践、积累、深化和传承，绝非一朝一夕就能够拥有，需要多年的技术、产品、和项目等多方面的积累。另外，与技术先进企业相竞争，尤其是与国际上长期占据技术与管理领先优势的企业直接竞争，还需要配合以适宜的技术研发创新体制、先进的管理技术和理念。

（1）技术前景的不确定性

互联网技术飞速发展，更新换代日新月异，呈多元化发展。现有的技术是否完善，能否适应市场的竞争，并最终获得用户的认可，仍然有待于市场的考验，在没有获得用户支撑之前，存在着相当大的风险。

（2）技术寿命周期风险

互联网技术本身特点是更新换代快、寿命周期短，所以，技术的寿命缩短对互联网投资项目的影响最为明显。如果新技术研发不能在规定的时间内完成，那么，这项技术的先进性将面临新兴技术的挑战，甚至失去继续开发的价值，风险投资机构将蒙受巨大的损失。

（3）技术的效果风险

技术的设计是为了体现良好的效果，这些效果直接影响用户的体验，一旦新技术不能产生良好的效果，将对企业带来用户流失的风险。

5.3.3　市场竞争风险

互联网+产业是技术密集型产业，随着科学技术的发展，企业的竞争浪潮愈发汹涌。企业若想在竞争中占据优势，无论是互联网产品的创新设计，还是它的应用程序都需遵循更高的要求，加大研发方面的创新力度。因此，互联网行业面临较大的市场竞争风险。

（1）市场进入风险

互联网新产品要想吸引用户，需要拥有比其他产品更好的用户体验，同时还要拥有技术优势，还要花费大量的资金在市场上推广。这些都会导致产品成本的上升，而产品如果没有价格优势，对用户的吸引力度就会减小，使得新产品无法进入市场，或延后一段时间，这将会导致企业失去竞争的机会。

（2）营销策略风险

好的营销策略能让用户直接体验企业的产品和服务，能快速占领用户市场。特别是在网红经济、知识经济爆炸的今天，谁能占领用户，谁就能够抢占先机。所以营销策略风险是互联网+产业风险投资项目中非常重要的风险因素。

（3）市场环境风险

互联网市场风云突变，新研发的技术和产品，或许已经与市场需求不匹配。所以企业需要凭借自身经验提前对市场进行预测。因为一旦预测失败，造成的后果是毁灭性的。

（4）市场容量风险

任何一个市场的容量都是有限的，能够在有限的市场容量中占据最大的份额，是一项产品的最大愿景。如果企业花费大量资金、人力、时间开发的产品的市场容量不足，将无法体现新产品的市场价值，同时也会被后来者进一步蚕食。因此有必要分析市场上产品的已有容量，考察市场容量风险。

5.3.4　供应风险

（1）供应价格风险

如果供应商提供的价格超出企业能够接受的价格额度，也就是超出其范围和幅度，企业成本计划和利润计划的实现便受到威胁，企业将面临销售风险，企业营销战略的平衡关系将会被打破。故供应价格是抗击营销风险的前沿屏障。

（2）洽谈风险

洽谈风险是指企业在采购业务中供应商为了达到自己的目的，设下陷阱所导致的供应业务风险和企业蒙受损失的可能。如提供虚假的商业信息，骗取社会中介机构出具公正报告，贬低其他竞争企业的形象，甚至限制采购人员取得相应的信息资料；在谈判过程中避实就虚，偷梁换柱，转移采购人员的视线，使之产生错觉，以解除或部分解除供应商的责任；给予虚假优惠，进行虚假承诺，而在商品实现销售后不予兑现等。

（3）误导计划风险

误导计划风险是指由于市场的变化，误导企业物资采购行为，使企业采购业务产生各种失误和偏差，造成经济损失的可能。由于主观认识与客观事物发展问题存在一定的不一致性，这种差异要控制在一定范围之内，否则对企业的营销活动会产生较严重的影响。

（4）合同风险

合同风险是指供应合同中的各种风险，包括遭受合同欺诈、空头合同、合同陷阱，以及供应商无故中止合同、更改合同条款、违反合同规定等的可能性及其损失。合同签订后，一旦供应商失信违反合同规定，不能正常供货，企业将措手不及，即使有所防备也要遭受一定程度的损失或陷入被动。

（5）结算风险

结算风险是指企业与供应商在采购货款结算过程中发生的各种风险，市场经济条件下这是供应商与企业交往中经常遇到的。当企业将货款从自己的账户中划拨出去的时候，便存在着货物不能按时购回、所购物品不符合要求、受骗上当的危险，也面临着在结算周转中可能出现的社会风险、道德风险。

（6）物流风险

物流风险物流风险是企业营销业务中的不可控风险，主要指已成为企业所有权的物资存货，在运回途中可能发生的各种损失。以国际贸易海上货物风险为例，在CIF价格属于成交的进口业务中，通常会遇到自然灾害和意外事故以及运输欺诈等风险。

5.3.5 经营管理风险

在区域互联网+产业的项目投资中，项目的经营管理直接决定着投资能否成功。经营管理中人员、团队执行力、组织结构等因素都存在风险。

（1）人员风险。产业项目能否顺利实施，需要各种必需的人才，这些人才不仅需要有责任心和组织能力，还要有技术开发、财务、营销等多方面的才能。同时也要采用人事激励制度，减小人才的流失，调动员工的工作积极性。

（2）团队执行力。在项目选择和管理决策完全正确的前提下，如何使决策得到良好的执行是考验团队执行力的重要环节。所以，团队成员的构成、团队的知识结构和团队的稳定性，都会对团队的执行力造成影响。

（3）组织结构。区域互联网+产业的快速发展，会导致企业规模的高速膨胀与企业组织结构调整缓慢的矛盾。如果忽视对组织结构的研究和调整，将导致机构臃肿、信息不畅、效率低下、成本徒增、管理混乱、决策失灵的局面。因此，建立合理的企业组织结构，有效解决公司各方面利益的分配问题，对公司高效运转、提升竞争力起到决定性作用。

5.4　2016—2020年区域互联网+产业发展战略及投资建议

5.4.1　区域互联网+产业发展战略分析

1.坚持产品创新的领导战略

在互联网技术快速发展的时代，产品的创新迭代日新月异，作为企业，产品的研发创新才是销售的真正起点。创新能力决定着互联网+产业的发展，产品创新有助于企业提高在国内外市场的竞争力，专利新品可以提升企业的市场地位，打造企业品牌形象，并且可以提高销售利润率，避免了恶性价格战。产品创新是行业可持续发展的保障，是生产制造企业的立命之本。

在产品创新中，不仅要了解顾客需要，还要在研究行业内现有产品以及可能出现的替代产品的情况下，采取不同的创新策略。

（1）差异型产品创新策略

差异型产品创新的重点，是在特定的市场中形成与同类产品之间的差异。由于技术与市场的创新程度都较低，形成差异的焦点在于提高产品的性能、降低生产成本和突出本企业产品的特色。实现这一策略的有效工具是应用质量机能展开技术，通过质量展开、技术展开、可靠性展开和成本展开，在细分的目标市场中全面满足顾客的需要。

（2）组合型产品创新策略

组合型产品创新的重点，是通过对现有技术的组合形成创新产品。组合技术创新的产品，可以以现有的市场为目标来满足现有的需要，也可以以新市场作为目标市场创造新需求。由于市场创新以组合型策略为特征，市场细分和对目标市场的调查成为重点。因此，在实施这一策略时，主成分分析法的应用具有特别重要的意义。

（3）技术型产品创新策略

技术型产品创新的重点是应用新技术、新原理来解决现有产品或相对成熟市场中存在的问题，以提高市场占有率。实现这一策略的关键是，确定技术在现有产品或成熟市场中所具有的成本或质量优势，并通过技术创新来实现和保持这些优势。因此，对这类产品的创新更多的是从提高产品的技术含量入手。更经济有效的措施，应该是开展对特定顾客尤其是领先型顾客的调查或对专家的调查，由此确定新产品的规范和技术策略。

（4）复合型产品创新策略

该策略要求在技术与市场两个方面同时进行创新。这类新产品对开发人员和顾客都比较陌生，为此在开发中需要用户和开发者紧密联系，这样开发人员有机会引导用户，并使之对产品产生一定的认识。由于属于非竞争性产品，因此在一定时间内具有垄断性，价格不是这类新产品开发的重点，而性能、特色、服务甚至企业形象才是需要特别关注的问题。

2. 坚持经营顾客的引导战略

在产品和服务供过于求，买方市场逐渐形成的今天，企业间的竞争已经从产品或服务的竞争转向对有限客户资源的争夺，尽管当前企业间的竞争更多地表现为品牌竞争、价格竞争、广告竞争等方面，但实质上都是在争夺客户。因此，可以说企业经营的关键是客户的经营。

客户经营实际上是一个经营理念，同时也是一个经营体系，企业必须把自己视为一个创造客户和满足客户的有机体，管理层不能认为自己只是在制造产品，而是要以提供能让客户满足的价值作为己任，这实际上是客户经营思维的基础。基于这样一个基础，企业经营模式要从产品经营转向客户经营。所谓从产品经营转向客户经营，就是要从客户的阶段性经营转向客户的全生命周期的经营，由只是产品经营转向客户的全面经营，由客户的被动经营转向主动经营，由对客户的浅度经营转向深度经营。

客户能够为企业创造价值，这些价值主要体现在以下几个方面：

第一，企业从一诞生起就和客户紧密联系在一起，没有客户的购买，就没有企业的利润，没有客户的持续购买，就没有企业的发展壮大。因此，客户是企业利润的源泉。

第二，满意和忠诚的客户会带来其他新的客户，是否拥有大量的客户会成为人们选择企业时考虑的重要因素，已经拥有较多客户的企业将容易吸引更多的新客户加盟，从而使企业的客户规模不断扩大。

第三，客户的意见、建议为企业的正确经营指明了方向，也使企业得以更有效、更有的放矢地开展经营活动。企业是为客户服务的，检验服务优劣的唯一标准就是客户评价。

第四，客户的口碑传播远胜过企业商业广告和公共宣传，如果客户满意，他会向他人宣传企业的产品或者服务，使企业可以吸引更多新客户加盟，从而使企业销售增长、收益增加。

3.坚持技术创新的支持战略

目前，我国"互联网+"正推动互联网技术、平台和应用从第三产业向农业和工业领域渗透和扩散，信息网络技术对经济社会的影响由导入期向展开期迈进，逐步进入协同发展阶段，"互联网+"经济范式开始逐渐占据发展优势。信息网络技术将不同领域技术连接在一起并产生新技术、新产品、新服务，从而成为经济与社会发展的主要推动力，中国将进入由技术创新驱动的新常态。

（1）完善互联网技术创新配套体系

搞好互联网的规划和建设，完善互联网技术创新配套体系是互联网时代促进技术创新的基础：一是要进一步做好互联网建设的整体规划，在规划中要做到高起点、高标准、科学性、超前性；二是尽快完善电信网、数据网、广电网等骨干网络，加快建设宽带多媒体数据交换网运行效率；三是建立各区域的网络交换管理中心，规范网络服务，实现资源共享。

（2）构建网络安全防护体系

在互联网立法中应遵循以下原则：第一，以互联网立法协调网络治理权力，明确国家、企业、个人在网络使用中的责任，确保网络空间中的权利。第二，完善立法与加强监督并重。在制定网络安全法的基础之上，还要加大对网络执法的监督，促进网络的正向作用，尽量减少网络的负向作用。第三，形成互联网法律法规制度体系。将制定数据法作为互联网领域立法的"基本法"，以此为核心拓展到产业等领域，形成法律法规制度体系。

（3）完善知识产权立法

互联网时代知识产权的保护应当遵循以下几个原则：第一，互联网技术创新的知识产权保护的目的是促进技术创新和产业化，因此在知识产权保护的过程中应该优先考虑技术措施，再综合考虑经济因素、管理因素。第二，注重互联网衍生类型知识产权的保护，以发展的眼光看待和分析知识产权边界。第三，注重互联网时代知识产权保护的国际合作，由于网络跨国性模糊了知识产权的国家边界，知识产权保护将成为国际性问题。第四，完善网络空间知识产权立法，及时修订专利法、商标法、著作权法等知识产权专门法律，使之适应互联网时代知识产权保护的需求。第五，加强知识产权立法的衔接配套，完善不正当竞争、垄断、对外贸易、科技、国防等领域法律法规中有关网络空间知识产权的规定，增强法律法规可操作性和协调性。

4.坚持营销创新的决胜战略

要树立现代营销理念，围绕"以客户为核心和实现客户满意"的经营管理理念，努力创新营销模式及提高市场营销管理水平。

（1）贴近客户，抓住客户，围绕客户进行营销方式的创新

客户将是未来最重要的资源，互联网经济首先强调的不是如何获取收入，而是如何获取客户。要逐步改变传统的单纯依赖经销商的分销方式，创新开发方式，从过去的粗放式的渠道管理，靠人脉扩展销量的方式向精细化的市场开发模式转型，缩短开发流程，加快信息传递，直接面向客户，掌握客户资源和市场开发的主导权，促进经销商向服务商的转型。

（2）创新传播推广方式，更加注重客户体验

传统的广告传播方式在互联网时代将发生改变，广告的针对性更强，方式更多样化，与互联网的结合更为紧密，让客户在不知不觉中接受广告信息。互联网思维的本质是"客户至上"，更加关注客户体验，那么企业就可以通过网络传播的方式，利用客户对产品的使用经验分享，创造客户关注点。通过百度大数据的应用，挖掘品牌传播的创新手段，组织有针对性的活动，吸引目标人群的关注。通过社交媒介平台，增强与客户的互动，这应该是未来企业广告宣传和推广方式的重要变化。

（3）利用新媒体方式，提高与经销商、客户信息沟通效率

网络沟通永远取代不了面对面的直接沟通和交流，面对面的交流更有利于相互的理解与合作。但可以运用新媒体的方式来提高与经销商、客户的沟通效率，例如利用微博发布新产品信息、企业动态，利用微信朋友圈建立商务合作圈，即时与客户保持互动。同时，研究如何增进与客户的互动，及时传递企业、产品的信息，吸引客户关注，塑造品牌的新时尚、新潮流形象。

（4）做好互联网时代的质量管理，坚持正确的经营价值观

企业赢得市场的根本在于品牌信任，而积累品牌信任的方式不外乎是好的产品质量和适当的品牌传播。

5.坚持管理创新的保证战略

一个企业要想在激烈的市场竞争中处于不败之地，必须根据新一轮科技革命和市场环境的变化大胆创新及时调整发展战略，不断探索各种应对措施和创新模式，形成互联网时代的新的发展思路和管理模式。在互联网时代进行企业管理创新是十分必要的：一是企业管理创新是互联网时代社会背景下企业发展的重要保障，同时也可以起到企业综合统筹和指导协调的作用；二是唯有进行管理创新，才能使企业真正拥有核心竞争力；三是企业良性的健康持续发展关键在于企业可以与时俱进，根据环境和技术水平的不断变化而调整自己的战略目标。

（1）管理理念创新：从以厂商为中心到以用户为中心

在互联网时代，新的管理理念提出了开放、融合、协同、共赢的新要求，实现由

生产型向服务型转变，由以厂商为中心理念，转变为以消费者为中心、个性化营销、柔性化生产和精准化服务的理念，并使企业与员工、产业链的上下游、合作者甚至竞争者等相关方成为利益有机体，实现商业生态系统的有效协同和共赢发展。

（2）管理模式创新：从生产要素管理到知识要素管理

在互联网时代，企业应利用大数据支持、采集和分析，将信息技术和科研、运营、管理深度融合，对上下游产业链、客户需求、成本管理、生产管理、业务流程管理等多个环节进行管理手段更新，提高研发效益，增强研发能力，促进企业管理模式从生产要素管理向知识要素管理转变。

（3）组织架构创新：从金字塔式等级制垂直管理到网状扁平化水平管理

在互联网广泛应用和普及的背景下，企业管理是靠第一时间对新发现的市场需求做出反应，提供市场所需的专业研究、专门销售和咨询服务，因此企业管理层次必须减少，把原来金字塔形的组织结构扁平化、信息化。这种组织结构在很大程度上比传统的"金字塔"更适应当今互联网时代。首先，信息传递迅速，直接对接市场。在新的技术背景下，互联网可以取代中层，直接对接市场和用户，进行搜集、传递、分析和处理信息等工作，以用户驱动企业，企业可以迅速了解用户、市场的需求，从而迅速做出反应。其次，消除层级，加快决策。与传统企业根本不同的是，这样的组织结构相对简单，每一个普通员工都可以与千里之外的总部直接沟通，接受、传递信息，相比传统管理需要层层集中信息再层层贯彻决策的做法，这种新的组织结构一下子去除了许多层级和诸多请示汇报的环节，加快了企业信息的反馈速度。第三，员工自治，提升主观能动性。网状扁平化管理下的企业，每一个结点都是创新的源泉，其成员既是项目的参与者，也是利润的分享者，这样的结构极大地刺激了每一个结点的创新，在经营上有很大的灵活性。

（4）人才管理创新：从制度约束到柔性管理

工业经济时代，人力资源管理模式往往采用以规章制度为中心的刚性管理。随着新形势的发展，以人为中心的柔性管理应运而生，它不依赖于上级的发号施令、严格的规章制度或固定的组织结构进行管理，而是在尊重员工的个人尊严与人格独立的前提下，提高广大员工对企业的向心力、凝聚力与归属感。在这种管理模式下，决策不由某位领导个人做出，在整个组织中横向与纵向交流方便、沟通顺畅，广泛存在友好的上下级互动关系。这种反应灵敏、灵活多变的全新的人力资源管理模式，体现出和谐、融洽、协作、灵活、敏捷、韧性等柔性特征，从内心深处来激发每个员工的主观能动性和创造精神，使他们能真正做到心情舒畅、不遗余力地为企业不断开拓新的优良业绩，成为企业在全球性激烈的市场竞争中取得竞争优势的力量源泉。

6.坚持协同发展的共赢战略

区域互联网+产业的培育发展，需要传统优势产业长期积累的技术、资本、产品、市场等基础条件；同样，传统优势产业也需要利用互联网+产业的新技术、新工艺、新产品进行改造提升，以促进产业结构的优化升级和产品的更新换代。传统优势产业在自身改造提升的同时，也成为互联网+产业培育发展的要素基础，互联网+产业通过聚集与发展成为新的主导或支柱产业，两者协同融合促进区域产业的发展与壮大。

（1）产业要素协同融合

传统优势产业与互联网+产业的要素协同融合，主要体现在两者产品的协同融合、技术的协同融合和资本的协同融合。

产品融合表现为互联网+产业产品对传统优势产业产品的替代，以及传统优势产业产品对互联网+产业产品的支撑。

技术是互联网+产业与传统优势产业协同融合的前提，技术融合是技术更高一级的进步和革新，其方式可分为两类：一类是在现有技术基础上，创新突破产生新技术；另一类则是两种或两种以上的技术相互融合，形成杂交技术。由于互联网+产业采用的高新技术，具有广泛的适用性和极强的渗透性，传统优势产业企业竞相采用，于是高新技术在传统优势产业中不断扩散、渗透，最终产生区域产业协同融合发展效应。

资本协同融合表现为传统优势产业为发展初期的互联网+产业提供资金支持、互联网+产业发展中后期反哺传统优势产业两个方面。一方面，在互联网+产业发展初期，需要传统优势产业在资金方面提供直接或间接的支持，可通过多元化、市场化的融资方式，为互联网+产业的发展提供资金保障；另一方面，互联网+产业由于市场广阔、发展潜力巨大，在发展的中后期可实现持续的资本产出，由此积累的大量资本反哺传统优势产业。

（2）产业结构协同融合

产业结构协同融合主要表现为产业分布的横向合理和产业顺序的纵向承接两个方面。

产业分布的横向合理就是互联网+产业在整个区域经济中比重逐渐上升，传统优势产业调整改造比重进一步加大，产业与产业之间相互包容、优势互补、形成合力。

产业顺序的纵向承接就是互联网+产业继承传统优势产业，利用高新技术对传统优势产业进行升级改造，将传统优势产业的先天优势与互联网+产业的后发优势有机结合起来，促进区域产业结构的协同融合。

（3）产业布局协同融合

区域互联网+产业与传统优势产业的布局，应科学规划、统筹协调。

互联网+产业的产生和发展，离不开技术、资源等要素的集中。而技术人才的聚集、资源的集中通常是传统优势产业聚集发展的结果，因此应科学布局区域互联网+产业，既有利于发挥传统优势产业的产业优势、资本优势等，又有利于发挥互联网+产业的技术优势，促进区域产业的协同融合发展。

（4）产业市场协同融合

传统优势产业与互联网+产业在市场上的协同融合，主要表现在两者相互提供市场需求，从而形成协同融合发展的双赢局面。

传统优势产业在接受互联网+产业先进技术渗透和改造、在上游提供生产研发与产品设计支持与服务、在下游帮助提高产品营销和品牌建设能力的同时，为互联网+产业发展壮大提供了广阔的市场。

互联网+产业在产品的生产经营中，需要利用传统的原材料及传统的初级产品，有些传统优势产业甚至可链接到互联网+产业价值链的上下游，有些传统优势产业还可主动嵌入互联网+产业价值链的中端，从而使区域的产业价值链处于良性循环。

（5）产业制度协同融合

在制定产业制度时，应充分考虑区域传统优势产业、互联网+产业两者之间客观需求的不同。关于传统优势产业的制度应有利于保持稳定的发展局面，关于互联网+产业的制度应有利于推动产业的可持续发展，最大限度调和两者发展中可能出现的冲突与矛盾，实现传统优势产业改造升级与互联网+产业培育发展的有机统一。

互联网+产业具有高投入、高风险、高回报的特征，其发展特别是发展初期，离不开政府的引导与推动。合理利用财税政策、土地政策等重要措施，形成有效的空间联动机制、信息传导机制和产业融合机制。充分发挥财政资金的引导作用，重点支持产业关键技术、共性技术研发，加快重点领域、重点企业和重点项目的技术改造和技术创新，在实施产业技术创新研发补助、税收优惠等激励政策的同时，形成产业技术创新的风险分担和化解机制。

5.4.2 区域互联网+产业项目投资建议

1.项目投资环境考察

投资环境是指投资经营者所面对的客观条件。区域互联网+产业的投资，必须考察区域内的投资环境，以保证资金能够落到实处，项目能够顺利实施并产生效益。对地区来说，要创造良好的投资环境，吸引各方面投资，以解决资金不足的困难，繁荣本地经济。

区域互联网+产业投资环境考察要点如下。

①区域的稳定发展。项目的投资离不开区域内社会的安定，以及法律法规的健全。良好的社会风气和文化氛围、严谨的法律制度、宽松的投资政策都会受到投资者的青睐。

②市场的活跃繁荣。市场是否健全、价格体系是否合理、市场结构与规模如何、居民的消费能力与消费习惯怎么样，都会直接影响投资效益。

③技术的大力投入。区域互联网+产业的发展需要科技的大力支撑，无论技术开发能力，还是硬件制造能力都需要大力投入。

④资金的后续支撑。无论是地方企业与互联网的融合，还是"互联网+"的创新创业，都需要巨额资金的支撑，地方的财力和融资能力决定着项目的实施进度。

⑤人才的连续培养。人才不单是服务互联网+产业，还能服务周边产业，地方需要高等院校的配合，才能完成区域人才体系的建设。

⑥政府的开明领导。政府是区域互联网+产业的支持者，也是产业方向的制定者，更是地方经济发展的推动者，开明的政府领导团队，能为产业的发展提供正确的引导。

2.项目投资方向建议

区域互联网+产业经济的发展必须依靠区域的特色资源，借助互联网技术，以互联网+人才培养为基础，借助龙头企业的拉动，融合一、二、三产业协同发展。所以区域互联网+产业投资方向有以下几点。

①互联网+特色资源。每个地区都有自己的特色，无论是文化特色、农业特色、工业特色、旅游特色，只要与互联网有机地融合，都能产生新的经济动力。

②互联网+教育资源。人才是社会经济发展的第一生产力，区域经济的发展离不开人才，互联网+产业的发展更离不开科技人才，地方院校的转型升级要以互联网+人才为切入点，结合地方优势资源，以培养为地方服务的人才为目标，建立区域互联网+人才培养体系，服务地方经济。

③互联网+优势产业。区域的优势产业在资金、技术、人才等方面已经有了一定的基础，目前所需要的就是插上"互联网+"的翅膀，完成产业的转型升级，同时带动周边产业的发展。

④互联网+衣、食、住、行、游、娱、购。区域互联网+产业的发展要坚持以消费者为中心，围绕消费者，开发出多种新的消费模式。

综合来说，区域互联网+产业的投资方向，要响应国家关于"互联网+"方面的各项政策，依托区域的特色资源，融合周边产业，形成区域经济良性发展闭环。

3.项目投资其他注意事项

（1）注意选择项目实施团队

互联网+产业投资中，对项目起决定作用的最终还是人，即项目实施团队，核心竞争力存在于人的身上，而不存在于公司的资产本身。选择项目实施团队远比选择项目本身重要得多，项目投资一定要选择适合项目特征、有项目实施管理经验和运作能力的项目实施团队。

（2）注意对投资项目进行前期分析

对投资项目的前期分析是战略决策从书面走向实践的关键一步。企业应从法律、市场前景、财务和整合资源能力等多个角度对实施项目的可行性进行分析。

（3）注意投资项目的环保

随着我国经济总体水平的提高及人们环保意识的加强，环境保护的整体要求在不断提高。如果投资项目有带污染性的三废外排，投资设计时就应考虑做到达标排放。

（4）注意与企业现有产业相衔接

投资是为了获利，要获利就得发挥产业优势，节约各种支出。投资要获利还得控制成本，提高现有资源的利用率。投资时首先应当考虑是否能与现有产业链衔接，投资对现有产品的技术提升，生产能力提升，或投资现有产品上下游，成功的机会应当更高一些，投资项目能与现有产业链相衔接成功的可能性会大得多。无论投资什么项目，投资项目的大小、企业管理水平的高低都是决定企业能获利能力的关键因素，由于企业类型不同，管理的方式方法差异也很大，如工业与商业，技术密集型、资本密集型、劳动密集型企业。企业选择投资项目时应了解项目行业特征和管理特点，注意与企业现有产业链相衔接。

（5）注意与区域产业相连接

随着我国改革开放和经济发展，现国内已形成了许多专业生产区域的格局，而原料集散市场、产品的集中展示集散市场，对行业布局非常重要，在这些专业生产区域里所有生产资源、技术资源、市场资源、劳动力资源相对集中并配套，形成了一些一小时经济圈、半小时经济圈，在这一经济圈内许多费用都是国内最低的，甚至是世界最低的，如果企业投资能与地区优势相结合，成功的可能性也将大大提高。

（6）注意与现有营销体系相连接

产品的销售是任何项目都必须重点考虑的问题，投资项目成败最终取决于项目产品是否能按预期实现销售，并获取收益，销售是项目投资的关键一环。由于产品性质不同，营销体系不尽相同，而建立一个与产品特征相符的营销体系，往往需要较长的时间和花费较多的人力、物力和财力。在项目投资时应考虑项目产品营销特点是否与现有产品营销特点相一致或相仿，注意与现有营销体系相连接。

（7）注意对项目投资总额的控制

项目投资总额的多少，决定了项目技术含量的高低、投产后产品的总成本水平的高低，项目投资过程可能改变施工方案、施工过程中可能发现未知事项、遇到其他变化事项，容易超出预算，投资总额如果不加以严格控制，就可能突破原有预算，投资效益、投资回报率就会出现偏差，如果企业资金不足，甚至会产生烂尾工程，所以企业投资必须根据自身财力，注意对项目投资总额的控制。

参考文献

陈晓雁.2016.基于贸易便利化下的自贸区跨境电子商务研究——以上海自贸区为例[J].价格月刊，(5)：41-44.

方伶元.2016.福建自贸区背景下互联网金融的发展及风险防控研究[J].赤峰学院学报：自然科学版，32(9)：77-78.

郭晓合，赖庆晟.2015.上海自贸区跨境电子商务创新发展研究[J].北华大学学报(社会科学版)，16(4)：27-32.

韩琳琳，田博.2016.贸易商品结构视角下上海自贸区跨境电子商务出口模式研究[J].经济经纬，33(2)：60-65.

邵律，孔磊，刘晋.2013.上海自贸区和国际航运中心建设——大数据物联网应用促产业升级[J].上海经济，10：34-37.

沈家文.2016.促进自贸区与港航业协同发展[J].中国国情国力，3：020.

王建文，蔡勇志，陈新.2015.福建自贸区跨境电子商务发展对策研究[J].中共福建省委党校学报，12：44-50.

王维.2016.天津自贸区跨境电子商务发展研究——基于SWOT-CLPV框架理论分析[J].华北金融，2：58-61.

吴雨洁.2017.浅谈"互联网+"背景下天津自贸区的发展模式及对经济的促进作用[J].现代国企研究，2：101.

詹荣富.2016.广东自贸区物流服务创新及推动探究——基于上海自贸区融资租赁发展启示[J].物流工程与管理，38(7)：79-82.

詹荣富.2017.物流金融：金融+互联网+物流三因子互动契合分析——基于广东自贸区金融创新[J].现代商业，1：139-141.

张宁.2015.广东自贸区金融改革创新的几点思考[J].新经济，34：17-23.

附　　录

附录1　中国（河南）自由贸易试验区研究院简介

在2013年国务院设立上海自贸区不久，洛阳师范学院就成立了自贸区研究中心，整合全校之力组建了一支高水平的研究队伍，对河南省设立自贸区的可能性展开积极地探索。在研究中心的积极努力下，2015年4月，学校与中国国土经济学会在北京国际会议中心共同承办了自贸区专家座谈会，并由梁留科校长在会上作了"设立中国（河南）自由贸易试验区，开创协同发展新格局"的报告，从河南省所具备的种种优势、设立自贸区的定位、空间布局及运行设想等方面，对设立自贸区的可行性提出建设性意见。与此同时，研究中心安排研究人员不断地调研、挂职锻炼，多次参加河南省及洛阳市举办的自贸区申报论证会，相继发表有关河南自贸区建设构想的报告、专著。研究中心于2015年9月受洛阳市商务局委托，承担河南自贸区洛阳片区文化旅游服务贸易发展规划专题研究工作。针对中国与中亚五国及俄罗斯的产业经济合作现状与未来展望进行全面详细的论述，研究成果《产业互补与合作——丝绸之路经济带核心区发展战略》于2016年2月由科学出版社出版发行；在分析国内外自贸区运行发展经验的基础上，结合河南设立自贸区的必要性和可行性，提出了河南设立自贸区的具体构想和发展策略，专著《中国（河南）自由贸易试验区建设构想研究》已于2016年9月出版。部分研究成果已经在获批的河南自贸区片区划分、区域定位中得到体现。

鉴于洛阳师范学院在河南自贸区建设方面已取得的研究成果，为进一步发挥自贸区研究中心在河南自贸区建设方面的理论支持作用，抓住自贸区发展的重大机遇，2016年10月，在省政府发展研究中心的大力支持与协作下，洛阳师范学院与省政府发展研究中心联合成立了中国（河南）自由贸易试验区研究院（以下简称"河南自贸区研究院"），为河南自贸区尤其是洛阳片区未来的发展展开积极的探索。河南自贸区研究院下设四个研究方向并成立四个分研究中心：自贸区产业经济、自贸区跨境电商、自贸区法律事务、自贸区全域旅游研究中心。下一步，拟整合相关院系研究人员组建一支综合能力过硬、分工明确的研究团队。在确定的组织构架下合理配置研究人员，稳步推进研究院的工作，确保自贸区各项研究指标的全面落实，为河南自贸区的发展建言献策，为河南和洛阳的经济发展作出新的贡献。

河南自贸区研究院分中心的设立对提升我校在自贸区建设中的建设水平和研究水平具有重要意义。四个分研究中心将充分合作，发挥综合优势，不断深化自贸区建设的先进理论，深入实践，加强人才培养，提高研究水平，助力河南省自贸区的发展。

附录2 中国（河南）自由贸易试验区研究院大事记

1.河南自贸区全域旅游发展探索

2017年4月1日，河南自贸区正式挂牌成立，为河南旅游业的改革和发展带来了契机，也为探索全域旅游新模式创造了平台。河南自贸区的全域旅游新模式研究既是自贸区建设的新议题，也是发展全域旅游的新尝试，应积极探索河南自贸区的全域旅游新模式。

（1）推进协同管理的制度创新机制，构建全域旅游综合协调机制

自贸区的核心是制度创新，对外商投资实行负面清单管理模式，这种设置是一种"特区"管理，打破了原有的格局，要求建立集中统一的综合行政执法体系，实现跨部门的协同管理，而这种部门间的协同管理机制正是发展全域旅游所必需的，也是在其他地方难以实现的。全域旅游主张全域空间实现"处处是美景"的美好愿望和构想，客观上要求构建与之对应的全域大旅游管理体制，自贸区的部门间协同管理机制能够为全域旅游发展提供必需的综合协调机制保障。

（2）打造现代综合的立体交通枢纽，实现旅游交通的全域化建设

河南自贸区所处的优越的交通地理位置，其战略定位之一是建设服务于"一带一路"的现代综合交通枢纽，这也是河南自贸区的最大特色，要求加快建设贯通南北、连接东西的现代立体交通体系。发展全域旅游要求旅游交通的全域互通互联，实现各种交通方式的无缝对接，河南自贸区的交通定位及建设能够大力提升其国际化、使利化水平，真正实现国内外、域内外的多向畅通、畅达，为发展全域旅游提供交通立体化、全域化的优势条件。

（3）建设华夏历史文明传承创新区，构筑文化旅游的全域化空间

河南自贸区将国际文化旅游作为其重要内容和发展方向，开封片区强调以医疗旅游、创意设计、文化传媒等为路径的国际文化旅游融合发展，洛阳片区将国际文化旅游、文化创意、文化展示作为其重点发展内容，将华夏历史文明传承创新区建设作为其重点发展方向，加上郑州片区的国际化交通优势，这为发展全域旅游提供了以郑州片区立体交通中心、全面辐射洛阳片区和开封片区进而实现河南自贸区的全域化文化旅游空间的构想。

（4）集聚商旅会展及休闲旅游业态，实现多种产业的全域化融合

作为国际贸易便利化的窗口，河南自贸区将吸引、集聚大量国际化高端设计及研发机构，且鼓励社会资本举办中医养生保健机构，自贸区内外多种业态的衔接必不可少，这将促进国际展览及会展业的发展，有力地推动商旅、会展、养生、休闲旅游业态的融合发展。全域旅游以"旅游+"或者"+旅游"为特点，强调旅游业与其他产业的深度融合，自贸区多种业态的衔接和融合为实现全域旅游的全域化产业融合格局提供了支撑条件。

（5）落实科教合作及外籍人才政策，推进多元要素的全域化建设

河南自贸区将支持河南省与教育部在区内共建教育国际化综合改革试验区，推进合作办学，并为引进外籍高层次人才在自贸区工作及停留开辟绿色通道。这将吸引更多外籍人士到河南工作、学习，为他们提供宜居宜游宜学的环境成为必然。同时，自贸区内允许注册符合条件的中外合资旅行社，从事除台湾地区以外的出境旅游业务，这将大大促进河南的出境旅游发展。这将引领河南国际旅游的发展，助推郑汴洛建设国际文化旅游名城的步伐，推进旅游发展多元要素的国际化、全域化建设。

2. "一带一路与河南自贸区建设"高峰论坛

借北京"一带一路"高峰论坛契机，2017年5月15日上午，"一带一路与河南自贸区建设"高峰论坛在洛阳师范学院举办。论坛重点研讨如何紧抓"一带一路"、河南自贸区建设新机遇，寻找契机，凝聚共识，充分利用全球资源，突破区域经济发展的瓶颈，促进传统产业转型升级，打造内陆开放新高地，并通过全媒体宣传，提升河南影响力和带动力，向海外各界传递"一带一路"在河南经济建设中的影响和成就。

会上校长梁留科简要介绍了学校办学历史、办学成绩和发展近况，指出"一带一路"和自贸区建设是党中央、国务院在新形势下实施的两大国家重要举措。"一带一路与河南自贸区建设"高峰论坛在学校举办，对于充分发挥河南自贸区研究院的影响力和智库功能，助推河南自贸区建设和河南全面融入"一带一路"建设具有重要意义。学校将共同建设好河南自贸区研究院，为"一带一路"和河南自贸区的建设提供高水平服务。

洛阳市人民政府副市长魏险峰发表讲话，并提出，洛阳作为河南省自贸区的三个片区之一，抢抓机遇、超前谋划、科学运作，在丝绸之路经济带建设中努力实现更大担当、更大作为。当前洛阳市正在加快推进"9+2"工作布局，加快实现"四高一强一率先"奋斗目标，希望与会领导、专家围绕"一带一路"与河南自贸区建设积极建言献策。

河南省人民政府发展研究中心副主任李政新强调河南省在"一带一路"发展进程

中扮演着重要作用，将自贸区建设成"一带一路"的重要交通枢纽，已取得了显著成效。

开幕式结束后，会议进入学术报告阶段。商务部原贸易救济调查局公平贸易调查专员宋和平，商务部国际贸易经济合作研究院副院长李钢，清华大学博士生导师、电子商务交易技术国家工程实验室主任柴跃廷，中国国际贸易促进委员会研究院国际贸易研究部主任赵萍，洛阳师范学院校长、河南自贸区研究院院长梁留科，洛阳出入境检验检疫局局长郭学良分别就"一带一路"和自贸区建设进行学术报告。

3.河南自贸区法治创新洛阳论坛

2017年4月28日，河南自贸区法治创新洛阳论坛在洛阳师范学院举行。本次论坛由河南省人民政府发展研究中心、洛阳市人民政府、洛阳师范学院主办，洛阳市中级人民法院、河南自贸区研究院法律研究中心、洛阳师范学院法学与社会学院承办。

校长梁留科代表学校致辞，他指出河南自贸区法治创新洛阳论坛在洛阳师范学院举办，对于充分发挥河南自贸区研究院的影响力和智库功能，助推河南自贸区建设稳定健康发展具有重要意义。学校将全力建设好河南自贸区研究院，为河南自贸区的建设提供高水平的服务。

河南省人民政府发展研究中心副主任李政新在讲话中表示，河南自贸区从无到有，未来如何从有到优，完成国家赋予河南的各项改革发展任务，其中有大量的理论和实践问题需要解决，涉及政治、经济、法律、社会和国际关系等多个学科和领域。对于河南自贸区来说，良好的法治营商环境既是其建设的前提，也是其顺利运行的保障；法治创新既是制度创新的重要内容，同时也是推动其发展的重要工具。

洛阳市人民政府副秘书长张松建讲话。他指出，洛阳作为河南自贸区的三大片区之一，既是国家赋予洛阳的重大使命，也是洛阳发展的重大战略机遇。河南自贸区研究院是洛阳师范学院服务地方经济社会发展的一扇窗口，在政府与高校之间搭建了一个很好的合作平台，可以更有效地聚合社会各方面的研究力量，就河南省自贸区建设的重大理论和实践问题展开研究和攻关，为洛阳和洛阳自贸片区建设工作提供高水平的智力支持。

洛阳市中级人民法院洛阳中院党组副书记、副院长马保政讲话。他表示，2017年4月以来，河南省高级人民法院、洛阳市中级人民法院先后出台了服务和保障自贸区建设的工作意见，从全面加强案件审判、创新工作机制、强化组织领导等方面，为法院服务和保障河南自贸区特别是洛阳片区建设明确了努力方向、提供了行动指南。

开幕式结束后，沈四宝教授以《经济全球化背景下自贸区和"一带一路"倡议的相互促进和发展》为题、周林彬教授以《广东自贸区条例立法的几个制度创新问题》

为题、石静霞教授以《国际投资贸易规则的新发展及中国的回应——基于河南自贸区的几点思考》为题做主旨演讲。

本次论坛通过学术交流、信息交流、供需对接、合作共事等方式，加强了洛阳师范学院与各级政府、司法机关、各高校、科研院所、企业、社会组织等部门的沟通和交流，助推了河南自贸区的法治创新再上新台阶。

4.产业经济研究中心发展论坛

2017年4月25日上午，来自各行业的专家学者、市自贸办领导、企业家、海关、口岸办领导、法律人士、协会代表以及洛阳师范学院各学院的教师和商学院学生代表相聚在成均楼106报告厅，共同参加了河南自贸区研究院产业经济研究中心发展论坛。商务部国际贸易经济合作研究院副院长张威博士、洛阳师范学院副校长宋文献、洛阳市城乡一体化示范区发展与改革局局长张耀民以及其他政府部门和企业家代表出席论坛。论坛由商学院院长刘玉来主持。

商务部国际贸易经济合作研究院副院长张威女士以《关于河南省自贸区建设的几点思考》为主题进行了学术报告。报告对自贸区的概念、第三批自贸区的方案比较、河南自贸区建设的主要内容和河南自贸区建设应关注的问题等四个方面进行介绍。首先她从战略定位、面积大小、内容对比等方面对辽宁、浙江、河南、湖北、重庆、四川、陕西几个自贸区进行了比较。其次从转变政府职能、国际贸易职能、金融服务领域开放、监管模式、税收改革、增强服务"一带一路"建设的交通物流枢纽功能等方面讲解了河南自贸区的主要内容。最后，她指出，河南自贸区建设应关注四大问题：形成高效的工作推进机制、在特色领域加大创新力度、在对标国际方面加快探索实践、搭建多种类型的功能性平台。她鼓励同学们广开思路，积极参与河南自贸区的建设，推进河南自贸区的发展。

在自由交流阶段，大家踊跃发言，从出口问题、创新创业、学生就业、跨境电商、财税政策、服务贸易、法律制度等各个方面提出自己的问题和见解。现场气氛热烈，专家学者、企业家和师生们纷纷建言，展开深入交流。

5.洛阳论坛·网上丝绸之路与产业发展报告发布会

为加快推进跨境电商产业与"网上丝绸之路"链接融合，大力开展跨境电商人才培养和产业发展，积极服务河南自贸区建设，2017年4月16日上午，洛阳论坛·网上丝绸之路与产业发展报告发布会在洛阳师范学院召开。

本次论坛紧紧围绕河南自贸区洛阳片区建设、区域互联网+产业发展等，积极展开深入交流，切实发挥高校智库作用，探寻新时代跨境电商新业务和新机遇，为河南自贸区建设尤其是洛阳片区建设和中原经济区建设建言献策。

洛阳市伊滨区管委会副主任张宛澍发言。他表示，随着区域互联网+产业发展，伊滨区紧紧抓住产业转型升级和结构调整机遇，先后引进了一批重点项目，不断加强与洛阳师范学院的紧密合作，努力打造洛阳市职业教育园区，着重构建科技成果孵化、产学研对接、科技成果产业化、投融资、人才支撑等平台。本次报告会将会给洛阳市伊滨区的产业转型发展带来新的发展机遇，伊滨区将以时不我待、只争朝夕的干劲，克难攻坚，勇于担当，在洛阳建设名副其实的副中心城市的伟大征程中谱写崭新篇章。

国家教育咨询委员会委员、著名经济学家任玉岭发表讲话，他指出，洛阳师院要为教育系统培养更多优秀人才。中国要实现"中国梦"，要靠教师去培养大量的人才。作为一名教师，要做好工作，搞好学习；要发扬刻苦精神，用刻苦精神搞好我们的学习，搞好我们的教育。做好一名教师，一要坚持厚德，弘扬中华民族传统文化，加强道德建设；二要对工作充满信心，要做好"四个自信"。争取早日实现"中国梦"。

洛阳师范学院校长梁留科为河南省电子商务大数据分析与处理重点实验室学术委员会主任委员、委员颁发了聘书，为河南自贸区研究院跨境电商研究中心主任、副主任颁发了聘书。北京理工大学软件学院院长丁刚毅教授、洛阳师范学院电子商务学院副院长范刚龙教授在主席台前交换合作协议。电子商务学院党总支书记李柯向与会专家领导介绍了《区域互联网+产业发展报告（2017）》编写情况。经济学家任玉岭、梁留科校长、孙宝文院长、张志千院长共同发布了《区域互联网+产业发展报告（2017）》。

开幕式结束后，论坛进入主题演讲和专家报告环节。与会多位特邀专家、学者分别就电子商务和大数据做主题报告，针对河南自贸区建设（尤其是洛阳片区的建设发展）、区域互联网+产业发展、跨境电商人才培养、跨境电商发展新机遇、电子商务与大数据分析处理等展开深入讨论，探寻新时代跨境电商业务及面临的新机遇，为河南自贸区建设和中原经济区建设建言献策。

6.牡丹之约·全球跨境产业融合峰会

为深入贯彻落实"网上丝绸之路"暨跨境电商产业融合工程，大力推动跨境电商技术研发、人才培养和产业发展，2017年4月15日，由电子商务交易技术国家工程实验室、洛阳师范学院等联合主办的牡丹之约·全球跨境产业融合峰会在洛阳会展中心隆重举行。

本次峰会以"跨境新天地·电商新动能·产业新格局·融合新机遇"为主题，采用"1+2"，即一个主论坛加两个议题的形式进行。原博鳌亚洲论坛秘书长、中国WTO首席谈判代表龙永图发表了《跨境电商对传统产业的变革之力》主题演讲。他表示，跨境电商迅速发展的原因，得益于经济全球化的推动，得益于全球化内涵的变化，促使发展中国家产业正向发达国家转移，而其中跨境电商的发展则需要注重综合服务平台的建设和人才培养。

前任美利坚合众国驻华大使馆参赞Mark Howard Levine就中美电商发展新动态发表演讲。他表示，信息与通信技术的快速发展，给社会经济带来了巨大变革，中美在科技、消费领域的交汇，为我们带来了电商发展的新局面。他表示，未来十年是跨境电子商务发展的黄金十年，随着"中国制造2025"和"一带一路"等策略的实施，洛阳跨境电商必将成为洛阳对外开放的新高地，推动"洛阳旅游"和"洛阳制造"走向世界，拉动洛阳经济上升到新的台阶。

电子商务交易技术国家工程实验室主任、洛阳师范学院电子商务学院特聘院长柴跃廷，对中国跨境电商综合服务平台进行了解读。他指出，跨境电商的发展环境日益成熟，国家政策的调整使跨境电商产业发展面临着新的机遇和挑战，而建立一个综合性信息、支付服务平台是亟待解决的问题。

原博鳌亚洲论坛秘书长、中国WTO首席谈判代表龙永图，洛阳市城乡一体化示范区党工委书记王立林，敦煌网总裁王树彤，上海深蓝亿康电子商务有限公司董事长麦卓共同转动水晶球，启动中国跨境电商综合服务平台。

任玉岭深度解析了"国家跨境电商产业融合标准"的内涵。他指出当前世界经济发展和信息化两股大潮必将影响全球，跨境产业融合标准是在国家跨境综合实验区的跨境电商人才标准技术上继续延伸，形成以跨境电商产业融合为带动力的标准建设工作，此跨境电商产业融合标准，展现了新时代跨境电商的新业务和新模式，构架了跨境电商产业链和生态圈各环节的未来。

国家外国专家局中国国际人才交流基金会主任苏光明对"中原-京津冀众智双创公共服务中心落地"进行详细解读，并与洛阳市副市长侯占国、洛阳市城乡一体化示范区管理委员会副主任曾丹梅、北京众智联盟国际电子商务技术有限公司曾大龙为京津冀众智协同架构中心揭牌。

洛阳师范学院校长梁留科发表演讲。他指出，近年来，我校在校企合作和人才培养模式方面都取得了创新，而本次与中清研联合发起的跨境电商众智贸易工程更是一项重大突破。跨境电商众智贸易工程是围绕跨境电子商务人才培养标准培养和孵化优秀创业团队，推动海外优质产品进口、中原特色产品出口、旅游产品销售三大业务的体系，为洛阳师范学院师生提供了创新创业的良好机会，洛阳师范学院将利用好这个平台，为跨境电商贸易发展做出突破，为产业发展提供智慧和人才支撑，使跨境电商众智贸易工程能推出中原，走向世界。随后，洛阳师范学院校长梁留科与洛阳市伊滨区管委会主任胡大鹏、中国报关协会副会长唐玉霞、"莱斯购"执行董事丁国勋共同向鱼缸注入清水，意寓河南省跨境电商众智贸易工程开通。

峰会第二阶段，先后举行了以"丝路经济带启动洛阳新起点"和"跨境产业融合为传统产业带来的发展契机"为主题的论坛，WTO首席谈判代表龙永图，电子商务交易技术国家工程实验室主任、我校电子商务学院特聘院长柴跃廷，中国国家外国专家局中国国际人才交流基金会主任苏光明等专家、企业单位负责人就"一带一路"为洛阳跨境电商带来的机遇和跨境产业融合为传统产业带来的契机展开热烈讨论，并为今后洛阳跨境电商事业的发展出谋划策。柴跃廷提出，洛阳跨境电商事业的发展必须要建好众智贸易平台，打造好网上贸易优势，注重创新招商引资的措施、标准，还要充分利用洛阳的13个友好城市打通国际通道。

洛阳师范学院电子商务学院依托河南省电子商务大数据处理与分析重点实验室、河南自贸区研究院跨境电商研究中心、河南省电子商务职业教育培训示范基地等平台，与电子商务交易技术国家工程实验室、北京中清研信息技术研究院进行深度合作，以电子商务交易技术国家工程实验室主任柴跃教授为引领，始终坚持以职业和岗位需求为导向，致力于电商人才的培养和输出，加快培养应用型人才培养步伐，助力区域电商产业发展。而本次牡丹之约•全球跨境产业融合峰会是一次重大举措，众智贸易工程启动是一个良好的开端，未来洛阳师范学院将进一步为跨境电商产业的融合发展贡献应有之力。